図書館が変わる

1998年
公共図書館の利用に障害のある人々への
サービス調査報告書

■日本図書館協会障害者サービス委員会・編■

日本図書館協会

図書館が変わる ： 1998年公共図書館の利用に障害のある人々へのサービス調査報告書 ／ 日本図書館協会障害者サービス委員会編. － 東京 ： 日本図書館協会, 2001. － 173p ； 26cm. － ISBN4-8204-0106-8

t1. トショカン ガ カワル　a1. ニホン トショカン キョウカイ
s1. 図書館奉仕　s2. 身体障害者　①015.17

刊行にあたって

　本書は、日本図書館協会が1998年に『日本の図書館』の付帯調査として実施した「図書館利用に障害のある人々へのサービス全国調査（公共図書館編）」の最終報告書である。21世紀初頭に、『図書館が変わる』と題する本書を図書館関係者に贈ることができたことは喜ばしい限りである。ちなみに、数値のみの報告については、すでに1999年3月に文部省の助成を受けて日本図書館協会から刊行物の形で公表しているところである。

　本書の刊行が予定よりも遅れた原因としては、調査結果の集計を依頼した業者から生データの提供が得られず、図書館名を特定するのがきわめて困難だったこと。また、調査結果の詳細な分析については、当初、障害者サービス委員会の各委員にお願いしたものの、出てきた分析結果は、個々ばらばらで多角的な考察を加えるには不適切だったことがあげられる。結局、これらの分析結果は使用せず、最終的には、関東の梅田ひろみ、山内薫の両委員と、関西の前田悦子（特別委員）に編集・執筆を一任することとなった。各委員の方々に深くお詫びするとともに、この間の経緯についてご理解いただきたいと思う。

　ところで、本書のタイトルを『図書館が変わる』としたのは、「超高齢社会」を迎える21世紀に当たり、高齢者サービスを軸とする図書館利用に障害のある人々へのサービスが、公共図書館サービスのメインテーマになるだろうことを念頭に置いたからである。そして、重要なことは、図書館利用に障害のある人々へのサービスの実践で培ったノウハウが、高齢者サービスをはじめとするこれからの図書館サービスに大いに活かせるということである。

　私たちは、図書館利用に障害のある人々へのサービスが、いまだに「特別なサービス」ととらえられる傾向が図書館界に根強く残っていることを日々実感している。本書が、図書館と図書館員が持っている内なるバリア

を取り除く一助になればと願っている。特に、本書の第1部「こうすれば利用が始まる」の部分は、何から始めてよいかわからないと悩んでいる図書館関係者には、ぜひご一読いただきたい。

　最後に、日常の業務の合間をぬって、編集・執筆の任に当たって下さった3氏をはじめ、本書の刊行にご協力いただいたすべての方々に心より感謝申し上げる次第である。

2001年3月

　　　　　　　　　　　　　　　日本図書館協会障害者サービス委員会
　　　　　　　　　　　　　　　　　委員長　　田中章治

も　く　じ

　　刊行にあたって　3

　第1部　こうすれば利用がはじまる　7

　第2部　30年の到達点と新たな課題　17
　　　2-1　実施館数は増加したが実績館が少ないことについて　19
　　　2-2　登録者はいるが未実施という現状について　21
　　　2-3　施設設備の整備からみた利用しやすい環境づくりについて　24
　　　2-4　情報障害を克服する新しい課題について　27

　第3部　図書館利用に障害のある人々へのサービスの課題　31
　　3-1　利用者　33
　　　3-1-1　利用者とは誰か　33
　　　3-1-2　利用者の現状　34
　　　3-1-3　各年齢別・対象者別の利用者が多い館とその要因　39
　　　3-1-4　今後の課題　65
　　3-2　資料　72
　　　3-2-1　資料の貸出　73
　　　3-2-2　資料の所蔵状況　75
　　　3-2-3　資料の製作状況　75
　　　3-2-4　資料の製作者　85
　　　3-2-5　今後の課題　86
　　3-3　サービスの現状　88
　　　3-3-1　サービスの内容と量　88
　　　3-3-2　対面朗読サービス　90
　　　3-3-3　郵送貸出　95
　　　3-3-4　宅配サービスの実施状況　100

3-3-5　施設貸出　106
　　　3-3-6　入院患者サービス　109
　　　3-3-7　その他のサービス　110
　　　3-3-8　特徴的なサービス　111

　3-4　体制について　117
　　　3-4-1　施設・設備　117
　　　3-4-2　サービスを支える人的体制　124
　　　3-4-3　障害者サービスにかかる経費　127
　　　3-4-4　目録・PR・講演会・催し物　132
　　　3-4-5　研修　140
　　　3-4-6　協力支援体制　146

第4部　次期調査にむけた提言　153
　4-1　障害者サービスにおける統計の取り方（山内）　155
　4-2　障害者サービスを評価する（前田）　167

あとがき　171

第1部

こうすれば利用がはじまる

1　全ての図書館で必ず利用者はおり、利用は始まっている。

　今回の調査で具体的なサービスを実施している、いないにかかわらず、全国の多くの図書館で聴覚障害、肢体障害、あるいは知的障害の利用者が実数として記入されていました。この事実は、既にあらゆる図書館で、そうした利用者が利用していることの証です。現在まで障害者サービスと呼ばれてきたものが、何か一定の形を取らないと障害者サービスではないかのような誤解を生じていたのではないでしょうか。ですから、どこの図書館でも図書館利用に障害のある人が、実際に利用しているにもかかわらず、それらの人たちを認識せずに、サービスを行っていないと回答したのではないかと推測できるのです。

　また、自治体内に病院や施設がないところは考えられませんし、誰でも入院してしまえば図書館利用の障害者となってしまいます。もし、その人が本を読める状態でなければ、視聴覚資料や録音図書なら聞くことが出来るかもしれません。その時の利用者の置かれている状況に応じて、様々な可能性を考え、試してみることが障害者サービスなのです。

　こう考えてみれば、障害者サービスは、既にどこの図書館でも日常的に行われているといわねばならないし、このような些細なところからサービスははじまるのであり、発展していくのです。

2　障害者サービスを固定して考える（捉える）のをやめよう。

　例えば「対面朗読室がないから対面朗読サービスが実施できない」等というのは言い訳に過ぎないのではないでしょうか。対面朗読室が無くても対面朗読を実施している図書館が今回の調査でも相当数ありました。ですから対面朗読室は決して対面朗読の必須条件ではありません。そこにサービスを求めている利用者と資料があり、職員がいれば対面朗読はできるのです。また、対面朗読は視覚障害者だけを対象としたものではありません。

小さな字が読めないお年寄りに時刻表を読んであげたり、必要な部分を大きな文字で書いてあげたりという経験を、図書館員なら誰でも一度や二度はしていることと思います。このような実践も対面朗読サービスや拡大写本サービスの一環と捉え、図書館利用に障害のある人へのサービスとして取り組んでいかなければなりません。

3　コミュニケーション手段を工夫して、まず話しかけてみよう。

　どこの図書館でも何人かは知的障害と思われる利用者が来館すると思われます。もしそのような人が来館したら積極的に話しかけてみましょう。中には言葉によるコミュニケーションが苦手な人もいるでしょうし、図書館を利用するための訓練や経験を全く持っていない人も多いかと思います。職員が話しかけることや、場合によっては手真似や図で説明することによって、その人が図書館に求めていることが分かったり、図書館利用の約束事を理解してくれるようになるでしょう。こうした試みも障害者サービスの一つの実践なのです。

　また、聴覚障害の人も必ず何人かは利用していることでしょう。そんなときに手話ができる職員がいたり、筆談で質問に応じますという掲示が窓口にあったり、ファックスによる問い合わせが気軽にできれば、利用者はどんなに気を楽にして図書館を利用できるでしょう。

　そうした点で、コミュニケーションはこのサービスを考える上で非常に重要です。コミュニケーションをうまくとることによって顕在化してくる図書館利用の障害が数多くあるでしょうし、逆に一人一人の利用者とコミュニケーションを取ることがなければ、決して障害者サービスはサービスとして成立しないともいえるでしょう。

　コミュニケーションとは何も手話や点字をマスターすることではなく、先の知的障害の人に対するように、まず話しかけるところから始まります。そこでも、今までに蓄積されてきた障害者サービス用資料やサービスの実

践を知っているかいないかで、その先の対応が変わってくるでしょうから、そうした知識を持つことが重要となります。

4 何も行動を起こさないところからサービスは始まりません。まず図書館から外へ出ていきましょう。

　自治体内には、図書館利用に障害のある人が確実に存在します。例えば施設に入所している人、病院に入院している人がいない自治体は考えられません。自治体内に盲学校や聾学校や養護学校などがあれば訪ねていって、図書館のＰＲや、どんな資料があるのかを話したらどうでしょう。学校であれば、子どものサービス担当者も一緒に行ってもらい、紙芝居をしたり、お話をすることもとても効果があるでしょう。また、視覚障害者団体や聴覚障害者団体など様々な障害者団体が存在すれば、所属している人たちと話し合いの場を持ってみたらどうでしょう。図書館の外に出かけていくこと、図書館利用に障害のある人のところへ出かけていって、まず声をかけ、直接話をしてみることが障害者サービスの大きなきっかけとなります。

　また、行動を起こすことの中には、例えば録音図書やテープ雑誌とはどんなものなのか一度聞いてみることや、布の絵本を借りて展示してみたり、大活字本や拡大写本など大きな字の本があることを知ってもらうためのコーナーを作るなどして、図書館にはこんな資料もあり、こんなサービスも行っているということを全ての利用者に知ってもらうというような実践も含まれます。

5 全国の公立図書館、点字図書館、施設などから資料を借りよう。

　一般の資料をそのままでは利用できない人もいます。例えば録音図書ならば視覚障害者に限らず寝たきりの人や入院中で本を持てない人、高齢者など様々な人が利用できます。しかし、ひとつの図書館でそれらの人たちが読む録音図書を全てまかなうのはとても無理です。今回の調査でも録音

図書を製作している173の図書館が1年間に製作した録音図書の平均はわずか34タイトルでしかありません。従って資料を借りないでサービスを行うことは不可能だとも言えます。しかし、逆に考えれば1年間に全国の公立図書館では、6,000タイトル近くの録音図書を製作していることになるのですから、これらの資料を借りて利用者に提供することは出来るわけです。しかも、点字図書館では1年間に1万タイトル近くを製作しています。ベストセラーなど重複して作成された資料もあるものの相当数の資料を借りて提供できるのです。録音図書ほどではないにしても、点字図書も点字図書館で6,000タイトル余、公立図書館で1,200タイトル余作成されているのです。こうした全国で製作された資料は一図書館だけで利用されるだけでは効率が悪いので、相互貸借によって、より多くの利用者に利用されることを望んでいるはずです。

　一方、拡大写本やさわる絵本・布の絵本、字幕・手話入りビデオなど録音資料や点字資料以外の資料については未だに製作館も少なく、点字図書館でもほとんど作られていない状況で、年間に製作されるタイトル数も非常に少ないのが現実です。公立図書館ではむしろこのように製作数の少ない資料の需要を積極的に掘り起こして、それらの資料の必要性を公にすると共に、製作に関する研究や討議を進めていくべきでしょう。

6　先進館に学ぼう。

　行動を起こしたり、資料を借りようと思ってもいざ実行に移そうと思うと細かいところでどうすればよいのか分からないという部分が数多く出てくることでしょう。そんな時はまず先進館に聞いてみることです。どこの図書館でも何もないところから突然サービスが始まったわけではなく、それぞれに試行錯誤を繰り返しながらサービスを展開してきたはずですから、そうした苦労やノウハウを聞かない手はありません。よく規則や要項について聞いてくる図書館がありますが、できあがった外枠を聞くよりも、具体的な行動ややり方について聞いた方が学ぶべき点が多々あることでし

ょう。もし出来ることならば、実際にその図書館まで見学に行って、サービスの現場を見たり、利用者の話を聞いてみましょう。きっとたくさんのヒントが得られることでしょう。

　先進館に学ぶということは、単に数量的に多い図書館に学ぶということではなく、自分の図書館と同規模の図書館で比較的利用の多い館に学ぶことを意味します。利用が多いからと言って町村立図書館が都道府県立図書館の真似をしても仕方がないのです。

　そのため、今回のこの調査報告書では具体的な図書館名をなるべく多く挙げるようにしました。これは、名前の出ている図書館に直接聞いてみることが出来るようにという配慮からです。「こんな利用者から、こんなことを言われたけれどもどうしたらよいだろう」とか「こんな資料はないかといわれたけれども、どこにあるか教えて欲しい」「養護学校から図書館のPRに来て欲しいと言われたのだが、どんなことをすればみんなの関心を引くのか聞きたい」「特別養護老人ホームから本を貸して欲しいという依頼があったけれど、どんなやり方をすればよいのか」等々、どんな質問でもどんどんしてみるとよいと思います。障害者サービスには、こうした横のつながりや連携が不可欠なのです。

7　都道府県立図書館を動かそう。

　それでも、職員数の少ない小さな図書館で障害者サービスを実現していくことは非常に大変なことでしょう。先ずは、前項で述べたような都道府県内の横のつながりや連携を都道府県立図書館が中心になって組織化し、情報の交換や障害者サービスに関する研修を充実することが望まれます。今回の調査を見ても都道府県の図書館や図書館協会などが職員のための研修を実施しているところでは、様々なサービスでそれなりの利用があることが分かります。また、国立国会図書館編集の『点字図書・録音図書全国総合目録』なども都道府県立図書館で備えて、市区町村図書館からの問い合わせに即答できる体制が必要です。都道府県立図書館は障害者サービス

第1部　こうすれば利用がはじまる　13

の分野でも、図書館の図書館としての役割を期待されているのです。

8　積極的な図書館政策と図書館サービスを提起し、それを自治体の政策に反映させよう。

　図書館が自治体の政策に敏感でなければならないのは当然です。現在その自治体が抱えている問題についても関心を持たねばならないでしょう。しかし、自治体の政策上に図書館が取り上げられることはそれほど多くありません。図書館はむしろこちらから積極的に政策関連の提起をすべきではないでしょうか。例えば、日本図書館協会の町村図書館設置促進のための調査研究「Ｌプロジェクト21」のアンケート調査によれば、町村の行政運営上困っていること、課題とされていることのトップは「高齢者の増加」です。なんと、55.2％の自治体がこの問題を大きな課題としてあげています。現在障害者サービスとして取り組まれている数々の実践はこれからの高齢者へのサービスにとっても欠かせない実践です。今後、高齢者対策の中で生涯学習のもつ比重はますます増大するものと思います。従来、生涯学習というと、「高齢社会白書」や「厚生白書」をみても、講座やカルチャースクールなどが多く取りあげられていますが、生涯学習の基本は個人学習の保障にあることを図書館はもっと強く主張していく必要があると思います。また例えば高齢者の大きな文字への需要などについても、現場から積極的に発言していき、自治体の政策や広報などに少しでも反映させ、予算化していくことが必要でしょう。

　さらに、2001年はボランティア国際年です。図書館にボランティアを導入するというような意味合いではなく、様々なボランティアの人たちと協同して図書館サービスを考えてみることも必要でしょう。現在までの障害者サービスは、音訳や点訳の分野において、余りにも民間のボランティアの方々の活動に依存し過ぎてきたという歴史的経緯もあり、未だに全くそれらの人たちに頼り切ってしまったり、一方では必要以上にボランティアの存在を軽視してきたのではないでしょうか。ボランティアに図書館の本

来やるべきことを肩代わりしてもらうというような発想ではなく、ボランティアをしている人たちと一緒に図書館サービスを考えたり、地域のことを考えるというような意味で政策に反映できないものでしょうか。ボランティア国際年をそうした契機に利用できるのではないかと思います。

　また、図書館サービスを政策に反映させるには、障害者サービスに関わる経費をきちっと予算化し、継続させていくことが欠かせません。国際〇〇年だけのお祭り的な予算計上ではなく、障害者サービスを図書館サービスの中で定着させ、認知させていくための経常的な予算を獲得できるようにしなくてはならないでしょう。

9　サービスを考える時には、利用者にも参加してもらおう。

　どのようなサービスを考えていくのかという点で先進館に学ぶことも大切ですが、何よりも当事者に参加してもらうことが重要です。視覚障害者であれば地域内に点字図書館をよく利用しているという人が一人や二人はいるだろうと思います。そうした人たちを見つけ出して、個々の自治体の今置かれている状況でまず何が求められているか、何が出来るのかを相談してみたらどうかと思います。利用者に話を聞く場合には実際に図書館まで来てもらい、書架や雑誌のコーナーなどに直接触れてもらって、具体的な図書館のイメージを感じ取ってもらうことが何より重要です。もし聴覚障害者を対象にした字幕入り映画会をやろうと思ったら、日頃図書館を利用している聴覚障害者の方や地元の聴覚障害者団体に相談してみましょう。高齢者向きの行事を企画するなら、日頃図書館を利用している高齢者の方たちに企画の段階から参加してもらいましょう。

　また、点訳や音訳のボランティアの人たち、手話を勉強している人、ガイド・ヘルパーやホーム・ヘルパーをしている人などを通して利用者の声をあげてもらうことも出来るでしょう。

　今後障害者サービスを考えていく場合、いや、図書館サービス全体を考

えていく場合に利用者や地域の人たちと一緒になって図書館を考えていくということがますます必要になってくると考えます。そうした大きな一歩を障害者サービスの中で展開していこうではありませんか。

　以上9点の提起の半数以上は、特に予算要求をしなくても、少し意識的に前向きに考えれば、今日からでも明日からでも試みることの出来るものです。以下の調査報告はそのための参考資料として活用していただければと考えています。何年か後にまた全国調査を実施したら、全ての館で障害者サービス利用者があり、全ての館で何らかのサービスを実施していることを期待します。（山内）

第 2 部

30年の到達点と新たな課題

2-1　実施館数は増加したが実績館が少ないことについて

●表2-1

調査年	回答館数	実施館数	実施率
1976	1,050	270	26％
1981	1,362	517	38％
1989	1,243	483＊	54％
1998	2,326	1,146	49％

＊は自治体数

　1970年に東京都立日比谷図書館において、我が国の公立図書館で初めて対面朗読サービスが実施されてから30年が経過した今日、緩やかな歩みではあったが、ようやく全国公立図書館の半数が何らかの障害者サービスを実施するようになった。1989年の調査では、何らかのサービス実施と回答した自治体が半数を越えており、今回はさらに実施図書館数が約半数になったのである。図書館数の大幅な増加のなかで、まずは半分の館が実施していると回答したことは、このサービスも認識の上では定着し、新たな段階に達したことを示唆している。

　その一方で、サービスは実施しているとしながらも、貸出等のサービス実績がない、あるいは利用登録者がいないという館が多くあり、課題解決の道筋はまだ険しいことを物語っている。

　表2-2はサービス内容別の実施館数である。1989年までの3回の調査結果は、実施館と実績のある館との区別はしていない。今回の調査結果では、実施と回答した館の内、1以上のサービス実績を回答した館数を、「実績館」として集計した。表のとおり実績館は実施館の半数に満たない。2次調査問21の、「障害者サービスの窓口は開いているのにあまり実績のない館にお尋ねします。利用があまりないのはなぜだと思いますか。」と

●表2-2

	1976	1981	1989	1998	実績館
対面朗読実施館数	10	85	133	487	223
実施率	1.0%	6.2%	10.7%	20.9%	9.6%
時　間	7,620 h		22,639 h		39,083 h
郵送貸出実施館数	34	165	393	587	221
実施率	3.2%	12.1%	31.6%	25.2%	9.5%
宅配実施館数	25	88	178	421	180
実施率	2.4%	6.5%	14.3%	18.1%	7.7%

上段は館数、中段は表1の回答館数に対する実施館の割合

の問いかけに対して実施館の22％である256館が回答している。

　実施しているとは言っても、利用があまりない状況は広範に広がっている。ＰＲの不足、資料の不足、施設設備の不備、担当職員の不足など、共通する問題点の指摘も多い。このような条件下で、いわば館の自己申告の実施率と、サービス実績に基づく実施率の大きな開きが今回の調査で明らかになった。

　実施館数と実績館数とのこの開きの原因は、上記のようなサービス活動を展開するための条件整備ができていないことのほかに、障害者サービスはボランティアグループに一任しているため、サービス実績を把握していないケースが相当数存在すると考えられる。

　障害者サービスでは文字情報を、音声や点字、拡大文字等他の形態に変換して提供する必要があり、そのために、外部のたくさんの協力者を必要とする。ここが他の図書館サービスとは違う運営上の問題点でもある。地域で活動しているボランティアグループの協力を得ることは不可欠であるが、サービス実施の責任はあくまでも図書館にある。

　しかしながら、2次調査問7の「対面朗読サービスの朗読者はだれか」、問15の「資料製作はだれが行っているか」の集計結果は、資料の製作では外部ボランティアへの依頼が58館（29.7％）、謝礼支払いなし85館（43.6％）、

対面朗読を行う人は外部のボランティア123館（31.4％）（2次調査問7）、というように外部のボランティアへの依存度が高い。

　1次調査の問6「担当職員の有無と人数」の集計結果では、専任職員の配置館数93館、兼任の配置721館、合計814館に担当職員が配置されていた。未実施館で担当者を配置しているケースもあり、実施館であっても担当職員がいない場合も多い。

　外部のボランティアにより対面朗読等のサービスが行われていて、その実施主体はボランティアグループであり、図書館は場所だけ提供してサービス内容を把握していない、という状況が問題なのである。これからはボランティアグループの活動に依存するのではなく、協力者として位置付け、担当職員の配置とともにサービス体制づくりに取り組まなければならない。

　そこで注目したいことは貸出の現状である。2次調査問5では点字図書、録音図書等10種類の資料について、貸出の有無を問うている。その集計結果が示すのは、貸出をしていないことである。一番貸出率の高い大活字本で78％、次に利用の多い録音図書は41％の貸出である。対面朗読という形態もあるが、多くは貸出によって資料は利用されるものである。資料提供の基本は貸出である。しかし、これまで図書館は音訳や点訳などを障害者サービスであると思い込み、ボランティアの市民の活動を障害者サービスと勘違いして来たのではないか。

　貸出という資料提供の基本にもどり、所蔵資料は最大限貸出し、所蔵していないものは他館から相互貸借で借りて、または購入するか製作して提供する。これからは、他の図書館や資料製作に携わる市民と協力しながら、図書館が自らの役割と責任を明確にし積極的な資料提供・貸出という基本にもどることが大切である。

2-2　登録者はいるが未実施という現状について

　その一方で、この10年間でサービス体制の方向性がより明確になった。対面朗読をする人は図書館に登録した音訳者が50.5％、職員が28.8％（2

● 表2-3　資料別貸出の有無

	点字図書	点字雑誌	点字絵本	点字フロッピー	録音図書	録音雑誌	大活字本	拡大写本	さわる絵本・布の絵本	字幕・手話	その他
貸出館数	339	153	238	16	469	132	893	43	174	141	53
%	30%	13%	21%	1%	41%	12%	78%	4%	15%	12%	5%

%は回答館1,146館に対する割合

次調査問7集計）である。これを、1989年の「調査報告書」p.24「問13障害者サービスに係わる朗読者、点訳者の登録制度」と比較すると、当時は1,062館中わずか13.6％（144館）しか登録制ではなかった。図書館が主体的なサービス体制をつくる方向性で進んでいることは確かである。

● 表2-4　サービス実施状況と登録者の有無（1次問1、問4）

	回答館数（A）	何らかのサービスを実施（B）	未実施（C）	実施登録者有り（D）	実施登録者無し（E）	未実施登録者有り（F）	未実施登録者無し（G）
市立	1,008	536	472	412	124	177	295
区立	194	139	55	123	16	29	26
町村立	884	360	524	267	93	224	300
都道府県立	62	38	24	30	8	15	9
指定都市	152	92	60	72	20	30	30
私立	22	4	18	3	1	3	15
広域市町村	4	3	1	3	0	0	1
合計	2,326	1,172	1,154	910	262	478	676

●図2-1

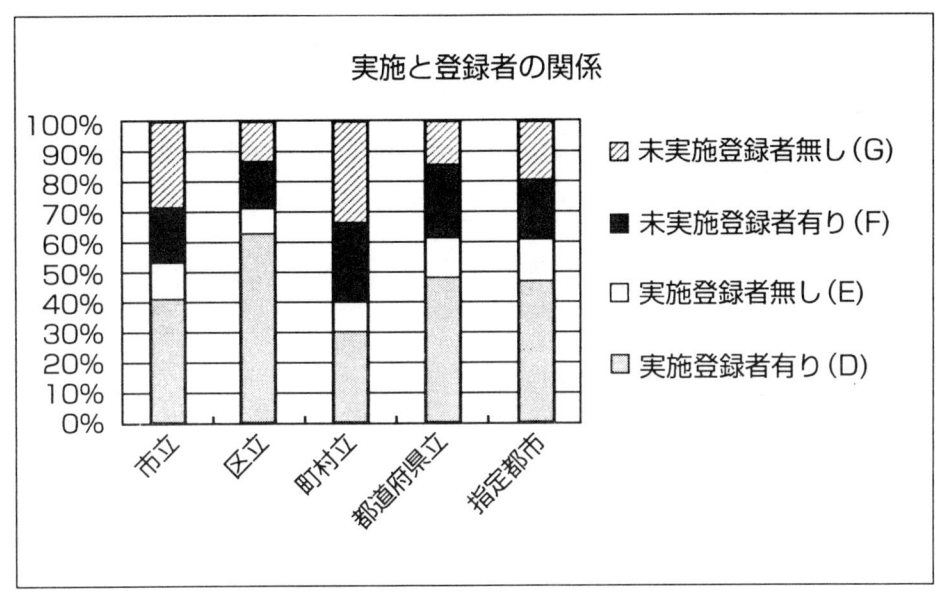

　実施は本来、利用という内実を伴うものでなければならない。表2-4は障害者サービスの実施と登録者の有無について、館種別に集計したものである。前回（1989年）の調査結果と今回のものとを比較すると、合計伸び率はこの10年で、登録者が1.9倍、館数では2.5倍の増加である。

　しかしサービスを実施しているが、登録者がない館は合計262館あり、実施館の22％を占めている。また、未実施と回答しているが、登録者がある館は478館あり、未実施館の41％にのぼることが明らかになった。施設設備の改善によって図書館利用の障害が取り除かれ、利用促進に役立っているのも要因と思われる。

　図2-1は表2-4をグラフ化したものであるが、いずれの館種の場合も実施しているが登録者がない館が10％程度あることがわかる。また、実施無しでも登録者がある館はその2倍20％ある。この問題が改善されれば、障害者サービス全体の活性化に大きく貢献することができそうである。

2-3　施設設備の整備からみた利用しやすい環境づくりについて

　次に施設、設備の改善について、今回の調査結果を1989年と比較した。玄関等のスロープの設置、トイレ、エレベータ、駐車場といった施設面ではかなり改善されてきたが、案内表示や通信の設備関係は不備が目立つ。これらの環境整備は利用促進に貢献していると考えられるので、利用登録者数と施設整備の相関関係を想定して、表2－5、図2－2のグラフを作成した。

●表2－5　施設・設備の整備状況

	1989	1998
1. 身障者用トイレ	741	1,717
2. 玄関等のスロープ（段差がない）	680	1,418
3. 車椅子	351	939
4. 障害者用に配慮したエレベータ	311	832
5. 障害者用駐車場	182	824
6. 館内点字ブロック	201	589
7. 拡大読書器	236	564
8. 対面朗読室・録音室	215	534
9. 案内の点字・拡大文字表示		179
10. 誘導チャイム		118
11. 触ってわかる館内案内図		95
12. 点字プリンター	15	87
13. 高さ調節のできる机	97	80
14. パソコン点訳システム	4	76
15. 利用者用ファックス	50	28
16. 難聴者用電話	18	24
17. 磁気誘導ループ		13
18. 緊急時用点滅ランプ	136	294
19. その他	43	76

●図2－2　施設設備の整備状況登録人数別

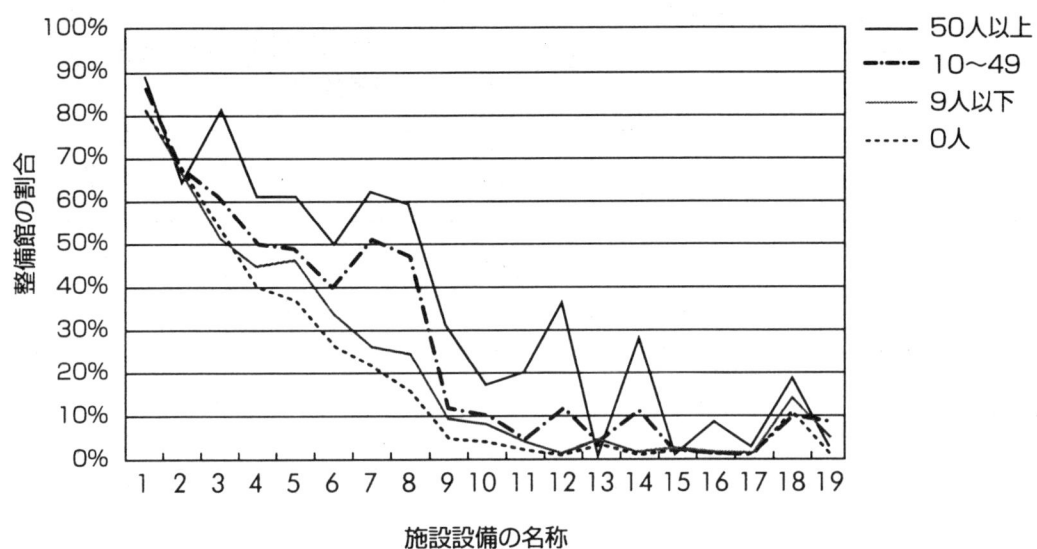

　図2－2は市立図書館回答館1,006館を、利用登録者0人、9人以下、10～49人、50人以上に分け、利用登録者数と施設・設備の整備状況の関係をグラフにしたものである。利用登録者0人の579館の内、施設・設備についての問8に回答していない館が247館もあり、残り332館の集計である。

　17．磁気誘導ループ、16．難聴者用電話、15．利用者用ファックス、13・高さの調整できる机については、どのグループでも普及率が低い。図2－2が示すように、50人以上の登録者のいる館の施設・設備の整備状況は全体的に高い。また興味深いのは、登録者0人と1～9人のグラフの形がほぼ同じラインを描いていることである。登録者数が一桁の域を脱して利用が広がるためには、施設設備の改善に顕著に現れているように相当の経費をかけて利用しやすい環境を整えることが有効であることをこのデータは示している。職員によって提供されるサービスは施設設備の整備によって、より効果を発揮する。しかし、例えば対面朗読室は必要であるが、ないからといって対面朗読サービスができないわけではない。この点は見誤ってはならない。

●表2－6　登録者数別担当者の配置と施設設備整備状況（市立図書館）

	問4　対象者別利用登録者	回答館数（市立）	問6　担当者 配置率	問6　担当者 配置館平均担当者数	問8　施設設備整備項目数
A	50人以上	63	92％	3.1	7
B	49～10	142	68％	2	5.3
C	9～1	222	44％	1.7	4.3
D	0	579	26％	2.2	3.3
計		1,006			

　表2－6は市立図書館1,006館について、登録者数別に担当職員の配置と、施設設備の整備状況を比較したものである。図2－2において、登録者50人以上の館は、問8の19項目のそれぞれについて、高い整備率を示していることを確かめたが、1館当たり平均整備項目も、19項目中7項目と、他と比較して明らかに高い数値を示している。施設設備の整備は予算を伴う事業であり、政策課題としての認識に基づくものと言える。このことが、担当職員の配置となり、それによるサービスの促進という効果を生み出すものと考えられる。

　さらに重要な要素は、職員の配置率、配置人数である。施設設備の整備状況と同様、登録者数が増加するほど数値が高くなる。登録者50人以上の担当者数の平均値3人は、配置率と共に登録者50人未満の場合と一線を画する数値となっている。一定レベルの実績をあげるための基礎的な整備条件と見ることができる。表2－6の職員数は専任と兼任の合計であるが、その内訳は表2－7のとおりである。49人までは専任の配置率は9％止まりであり、やはり50人以上の専任20％の配置率は他と一線を画している。

●表2－7　担当職員

登録者数	専任	兼任	合計	専任
50人以上	36	141	177	20％
49～10	18	180	198	9％
9～1	1	163	164	1％
0人	9	319	328	3％

2-4　情報障害を克服する新しい課題について

　パソコンの普及によりパソコン点訳は広がっている。パソコン点訳システムを導入している館の内訳は、表2－8のとおりである。

　利用方法によっては、パソコンは情報障害を克服する道具になる可能性が期待される機器であり、10年前の調査時点とは違い今後の活用が課題である。登録者50人以上の場合18館28％、49～10人は15館11％、9人までと0人はともに4館2％と1％の設置である。

　どのように利用されているか、またこのサービスの可能性について、実践に即した研究が必要な分野である。

　もうひとつの新たなサービスが、プライベートサービスである。

　表2－9は、個人の依頼による資料製作の内、図書館の蔵書にしないプライベート製作について、2次調査設問15の集計結果である。1989年調査では、自館製作テープにおける著作権問題の範疇で考えられていた課題であった。1989年の時点では、著作権者が複製の許諾依頼を拒否した場合、再度依頼するか、そのままにしておくかの2通りの選択肢しかなかった。今回の調査では、プライベート製作という新たな提供方法として確認された。プライベート製作による資料の形態は、録音だけでなく、点字訳、墨字訳、拡大写本と広がり、著作権許諾のとれない図書のリクエストの他、新聞、パンフレット等の利用者の持ち込み資料、カタログ、テキスト等蔵書にしにくいもの、新聞記事や他から借りられないものなどが例示されて

● 表2-8　パソコン点訳システム導入館数

市立	42
区立	10
町村立	9
都道府県立	12
指定都市	2
合計	75

● 表2-9　個人依頼による資料製作と代筆・文字の拡大等の実施状況

	問15-2　個人依頼による資料製作の実施状況	問15-3　個人依頼による代筆・文字の拡大等の実施状況
市立	45	7
区立	15	9
町村立	5	2
指定都市立	5	1
都道府県立	5	0
合計	75	19

いる。

　製作数は多い館でテープ107タイトル414巻、133件399巻、墨字訳17枚、拡大写本6,776ページ、点訳15,472ページ、点訳8,000枚などがある。通常の図書館サービスは出版されている資料によってなされる。障害者サービスの第一の課題は、通常の出版物をそのままの形態では利用することができない人々に、利用できる形態に変換して提供することである。それは録音図書や点字図書、拡大写本であり、不特定多数の利用者を前提に製作し、所蔵する資料であった。プライベート製作は、ある特定の個人のために新たに、図書館蔵書にしない資料を作成することである。対面朗読（音訳）サービスの延長として実用化されてきたサービスであるが、従来の資料提供の枠組みを越えるものである。上記の表6で示した登録者50人以上の市立図書館63館の内、17館27％がプライベート製作をおこなっている。

このサービスを進めるためには、資料製作者としてのたくさんの協力者が必要である。サービス体制をどのように作り上げていくか大きな課題である。

問15-3　個人依頼による代筆・文字拡大等の実施館

墨田区立あずま図書館、墨田区立寺島図書館、墨田区立緑図書館、江東区江東図書館、品川区立品川図書館、目黒区立目黒本町図書館、大田区立下丸子図書館、板橋区立高島平図書館、練馬区立光が丘図書館、日野市立中央図書館（以上、東京都）、**横浜市保土ヶ谷図書館**（神奈川県）、**上福岡市立市民図書館**（埼玉県）、**浦安市立中央図書館**（千葉県）、**市立須坂図書館**（長野県）、**各務原市立中央図書館**（岐阜県）、**鈴鹿市立図書館**（三重県）、**香芝市立図書館**（奈良県）、**佐屋町立図書館**（愛知県）、**栗東町立図書館**（滋賀県）

以上４つの視点から調査結果の概要をまとめた。１．では利用実績がない理由を２．では図書館利用に障害のある人が来館しているのだが、図書館員が気づいていない事実を、３．では整備されてきた施設設備の状況から30年の到達点のひとつを確認し、最後に４．で、あたらしいサービスの方向を提示した。「障害者サービスはなぜ広がらないのか」という多くの図書館員の長い間の疑問は、今回の調査結果から解決の糸口を見出すことができるのではないかと思われる。今まで繰り返されてきたＰＲ不足や人手不足、お金の不足が原因ではない。次章からの詳しい集計と分析をお読みいただき、これからの振興方策を一緒に考えていただきたい。（前田）

第 3 部

図書館利用に障害のある人々への サービスの課題

3-1 利用者

3-1-1 利用者とは誰か

　障害者サービスにおける利用者は、図書館利用に障害のある人である。従って個々の利用者にどのような図書館利用の障害があるのかを見つけ出し、その障害を取除いていくことが障害者サービスの大きな課題である。何らかの図書館利用の障害のある人が存在するとしたら、その障害は利用者側に帰する障害ではなく図書館側の障害なのである。従って障害者サービスと言うときの障害とは図書館側が負っている障害なのである。

　今まで図書館利用の障害は大きく三つに分けて提起されてきた。(『すべての人に図書館サービスを』日本図書館協会　1994)

　第一に物理的な障害、第二に資料をそのままでは利用できないという障害、第三にコミュニケーションの障害である。これらの障害は利用者が負っている障害ではなく、そうした利用者の利用を阻んでいる図書館側の障害として捉える必要があるのである。

　しかも、誰でも病気をして入院することがあり、すべての人が点字を読めるわけでも、手話を理解できるわけでもないことを考えると、状況に応じて、あらゆる人が障害者サービスの対象として浮かびあがってくるといってもよい。とりわけ高齢者人口が急速に増加することが確実であることを考慮すれば、こうした様々な図書館利用の障害の除去は、今後の図書館サービスを考える上で、緊急の課題として検討しなくてはならない問題であろう。

　利用者についてまとめてみると以下のようになるのではないか。

1) 入院や入所などで図書館にくることの出来ない人、開館時間中に利用が困難な人（施設入所者・入院患者・矯正施設入所者など）
2) 様々な要因からその人に利用できる資料、ふさわしい資料がない人

（視覚・聴覚・肢体・知的・学習障害者など）
3）何らかの理由で資料にアプローチすることが出来ない、しにくい人
（車椅子使用者・内部・知的・学習障害者など）
4）その何らかの理由の中にコミュニケーションの障害を含む人（これは全ての人に該当する）

等が障害者サービスの利用者として浮かび上がってくる。

仮にその人が心身に障害のある人であっても、何ら手助けを必要とせずに図書館を利用しているとすれば、その人は障害者サービスの利用者ではない。しかし、心身に障害のある人は何らかの図書館利用の障害があるに違いない。その障害を顕在化して、取り除いていくことが重要である。

様々な図書館利用の障害の顕在化によって、心身障害者ではない人でも、個々に何らかの図書館利用の障害がある人が多数存在することを発見できるのではないか。（高齢者をはじめとして、ちょっとした心理的な抵抗を感じている人などはとても多いのではないかと思う）

こう見てくると、状況に応じ、あらゆる人がこのサービスの対象となりうることが分かる。とりわけ高齢人口の急増はこのサービスの緊急性を高めており、この点をしっかり理解する必要があろう。

そこで、現状を把握して今後の可能性を探るのがこの章のテーマである。

3-1-2　利用者の現状

今回の調査では、一次調査問4で、心身障害別の利用登録者を、問5でその年齢別の人数を尋ねている。また2次調査では問1で、どんなサービスをどんな障害者が利用しているかを聞いている。

1次調査の結果は表3－1の通りである。

● 表3-1　対象者別、年齢別利用登録者（1次調査）

<障害別>	館　数	人　数	該当人数（千人）	登録率該数
視覚障害者	532	14,836	305	4.86％
聴覚障害者	374	1,250	350	0.0036％
肢体不自由者	640	3,676	1,657	0.0022％
内部障害者	110	392	621	0.0006％
知的障害者	318	2,139	413	0.0052％
入院患者	93	1,347	1,395	0.0001％
在宅療養者	111	376		
施設入所者	117	2,602	2,490	0.0010％
受刑者	1	5	約50	0.0001％
総　計		26,623		

<年齢別>	館数	人数
幼児	59	118
小中学生	271	1,265
高大学生	140	745
社会人	787	16,291
総計		18,491
高齢者	463	5,152

（年齢別の人数が対象者別の数に満たないのは、年齢を特定できないために、問5の設問を記入した館が少なかったためである。受刑者を回答したのは大野町立図書館（岐阜県）である。館数は人数を記入した館数で身体障害者数には18歳未満の数は含んでいない。該当人数は各種調査による大まかな数値）

　表に見るように、現在、公立図書館を利用しているのは、視覚障害者がやっと5％程度であり、その他の障害者の利用はまだまだ非常に少ないと言ってもいい。点字図書館の利用登録者が71,891人（『日本の点字図書館16』　全国視覚障害者情報提供施設協会　1999）なので、視覚障害者の約4分の1が点字図書館に登録していることになり、利用登録者の数で見る

と視覚障害者にしても現状では、図書館利用については点字図書館に依存していることが分かる。

館数で最も多かったのは肢体不自由者で、人数でも2番目に多くなっているが、これは車椅子での来館など、施設面での整備が進んだことと、図書館側がそれらの人を認知しやすいためであろう。

ちなみに肢体障害の利用者がいると回答した640館の内、84％に当たる536館（利用者数3,280人）には身障者用トイレがあり、38％に当たる244館（利用者数1,927人）には障害者用駐車場がある。肢体障害者の利用者がいる1館当たりの利用者数は5.74人だが、身障者用トイレのある館のそれは6.12人、さらに障害者用駐車場のある館では1館当たり7.9人と、肢体不自由者では施設設備の状況によって利用者数が増減することがはっきりしている。

反面、聴覚障害や内部障害は外見から判断することが困難なため、実際にはもう少し利用者がいるかもしれない。しかし、それらの障害からもたらされる図書館利用の障害に対して、図書館側が何らかのサービスを考えているかというと、字幕入りビデオを所蔵していると回答した90館の内、聴覚障害の利用者がいると回答しているのは26館しかないことを見ても、どういう資料で、どういう図書館利用の障害者にサービスを展開していくかということが、ほとんど検討されていない現状である。

1978年に刊行されたイギリスのアウトリーチ・サービスの報告書（『図書館サービスの拡大を求めて―イギリス公立図書館とアウトリーチサービス』イギリス教育科学省　図書館問題研究会愛知支部1983）の中で、サービス区域内に矯正施設があれば100％の図書館がサービスを行っているという調査結果が載っていたが、全国におよそ200ヶ所ある矯正施設に対して、受刑者へのサービスを実施しているのは、およそ23館（25施設）しかなく、ほとんど手がつけられていないことが分かる。

また、入院患者へのサービスも、いくつかの実践例が紹介されているにも係わらず、またそのサービス対象者の多さにも係わらず、ほとんど進展

●表3－2　図書館利用に障害のある子どもたちへのサービス

都道府県立図書館 (回答館57館)	行っている	19館（33.3%）
	資料貸出	19館
	対面朗読	7館
	その他	3館
市区町村立図書館 (回答館2,395館)	実施した	329館（13.7%）
	資料貸出	260館
	出張おはなし会	70館
	対面朗読	12館
	その他	57館

していないのが現状である。（1997年の1日平均在院患者数は1,395,304人で、1病院当たりの1日平均在院患者数は147.8人）

　一方、年齢別の利用者では、やはり社会人が圧倒的多数を占めている。しかし、小中学生の利用がかなり多い点は評価できるのではないだろうか。この全国調査の翌年に行われた、『公立図書館児童サービス実態調査1999』では、「図書館利用に障害がある子どもたちへのサービス」という設問に対して、表3－2のような回答が寄せられている。

　この結果は、本調査における幼児と小中学生の利用者登録者がいると回答した館289館という数値を少し越えたものになっている。今回の調査では、どういう障害のある子どもが登録しているかということについては判明しないが、その内容の中に「出張おはなし会」が2割以上を占めていることは分かる。

　障害のある子どもへのサービスは障害者サービスの中でもより積極的に取り組むべきサービスであろう。一般のサービスにおいても子どもへのサービスが大きな柱となっているように、図書館まで来られなかったり、利用できる資料が非常に限られていたりする子どもたちへの取り組みをより強めなければならないであろう。そこで、どのような障害児がいるのかという調査結果を見てみると、表3－3のようになる。

●表3-3　厚生省の「身体障害者実態調査」（平成8年度）（単位千人）

身体障害者数	視覚障害	聴覚・言語障害	肢体不自由	内部障害	重複障害（再掲）
2,933	305	350	1,657	621	179
身体障害児	5.6	16.4	41.4	18.2	3.9
	1.8%	4.5%	2.4%	2.8%	

1997年5月1日現在、文部省調べ

特殊教育諸学校の学校数、在学者数（国・公・私立計）

		学校数	在学者数				
			幼稚部	小学部	中学部	高等部	計
盲学校		71	211	738	591	2,783	4,323
聾学校		107	1,350	2,242	1,300	1,949	6,841
養護学校	知的障害	512	65	15,684	12,333	24,742	52,824
	肢体不自由	192	79	7,820	4,630	5,517	18,046
	病弱	96	2	1,694	1,717	997	4,410
	小計	800	146	25,198	18,680	31,256	75,280
計		978	1,707	28,178	20,571	35,988	86,444

特殊学級の学級数と通級による指導を受けている児童生徒数

	小学校		中学校		合計	
	学級数	児童部	学級数	生徒数	学級数	児童生徒数
知的障害	10,062	29,329	5,208	16,694	15,270	45,023
肢体不自由	756	1,400	262	448	1,018	1,848
病弱・虚弱	532	1,395	196	473	728	1,868
弱視	84	115	26	46	110	161
難聴	347	753	141	347	488	1,100
言語障害	593	1,742	38	79	631	1,821
情緒障害	3,608	9,808	1,547	4,052	5,155	13,860
計	15,982	44,542	7,418	22,139	23,400	66,681

	言語障害	情緒障害	弱視	難聴	肢体不自由	病弱・虚弱	計
小学校	19,143	1,762	141	1,220	4	2	22,272
中学校	74	396	14	169	1	2	656
計	19,217	2,158	155	1,389	5	4	22,928

身体障害者の内、障害児の割合は、およそ2.7%であるが（ただし知的障害者については知的障害者全体の１割〜２割程度と予測される）、図書館利用登録者では幼児小中学生が11.4%を占めるので、全体から見ればよく利用されているという計算になる。

　しかし、これらの表にもあるように、障害を持った子どもの数は非常に多く、様々な手だてで図書館を利用してもらえるように工夫していかなければならないだろう。

3-1-3　各年齢別・対象者別の利用者が多い館とその要因

　以下に、年齢別利用登録者の数が多い館を挙げてみた。

　その要因と思われる特徴を見てみると、

1）聾学校・盲学校・養護学校が図書館の近くにあり、利用されているケース、または、それらの施設に出向いてサービスをしていること、

> 江東区立城東図書館（聾学校）、石垣市立図書館（養護学校）、富士見町図書館（長野県／養）、宇都宮市立図書館（盲学校）、一関市立図書館（聾）、郡山市安積図書館（養）、篠山町立本郷図書館（兵庫県／養）、石鳥谷町立図書館（岩手県／養）、文京区立目白台図書館（盲）、町田市立図書館（聾）

2）量的には少ないとはいえ点字絵本やさわる絵本・布の絵本・字幕入り・手話入りビデオなど、小さい子どものための障害者用資料を所蔵していて、しかも貸出があること、

> 練馬区立光が丘図書館（布の絵本・さわる絵本）、信楽町図書館（滋賀県／さ）、富士見町図書館（長野県／字幕・手話入りビデオ）、鳥栖市立図書館（字）、石部町立図書館（滋賀県／点字絵本・さ）、伊奈町立図書館（茨城県／点字絵本）、目黒区立目黒本町図書館（さ・字・拡大写本）、岩槻市立図書館（点）、郡山市安積図書館（字）、板橋区立小茂根図書館（拡）、小牛田町図書館（宮城県／点字絵本）、大阪市立浪速図書館（点字絵本）、石鳥谷町立図書館（岩手県／字）、鳥栖市立図書館（さ・字）、文京区立真砂図書館（字）

3）障害を持った職員がいること

鳥栖市立図書館（視）、諫早市立諫早図書館（肢）、宇都宮市立図書館（視）、中原町立図書館（佐賀県／聴）、大田区立池上図書館（肢）、都立中央図書館（視）、町田市立図書館（視）

4）点字や手話などが出来る職員がいること

江東区立城東図書館（手）、練馬区立光が丘図書館（点・手）、富士見町図書館（長野県／手）、目黒区立目黒本町図書館（点）、愛知県芸術センター（点）、大阪市立浪速図書館（点）

などが挙げられる。

この4点を要約すると、身近に図書館利用に障害のある人がいるか、またはその人たちが学んだり働いたりしている施設があり、その人たちが利用できる資料があり、そこに同じように障害を持った職員がいるか、その人のコミュニケーション手段を解する人がいるかどうかが利用と結びついているということになるのではないか。以下に利用登録者の多い館とその特徴と見られる要因について見てみる。

＜年齢別＞
1．幼児登録者3人以上の図書館とその要因

図書館名	人数	要因・特徴
江東区立城東図書館	9	江東聾学校幼稚部、手話職員1名
石垣市立図書館	6	養護学校、障害者施設に団体貸出
中津川市立図書館	5	肢体・知的障害？
練馬区立光が丘図書館	5	さわる・布の絵本54T蔵、399T貸、視覚？誘導チャイム、Faxサービス、点字職員4名、手話職員4名
信楽町立図書館（滋賀県）	5	さわる絵本12T蔵、36T貸、4施設に747貸
富士見町図書館（長野県）	5	利用者用Fax、字幕手話ビデオ6T、養護学校図書室に貸出　手話職員1名
鳥栖市立図書館	5	さわる絵本5蔵、字幕入りビデオ4蔵、4貸、視覚障害職員

図書館名		人数	要因・特徴
広神村図書館（新潟県）		5	聴覚・肢体？
（財）童心会村上記念私立児童図書館		5	知的障害児、2次無し
石部町立図書館（滋賀県）		3	点字絵本2蔵、さわる絵本2蔵、視覚・聴覚？、2次無し
諫早市立諫早図書館		3	肢体不自由児、肢体不自由職員1名
亘理町立図書館（宮城県）		3	聴覚・肢体

　これを見ても幼児の登録者というのは非常に僅かである。しかし、ここに挙げられたような資料を用意すれば利用される可能性は大きい。勿論資料が存在することを知らせる方策が問題ではあるが、障害児のいる施設や学校に出かけていって、それらの資料を紹介すれば、利用は伸びるであろう。

2．小中学生の登録者数17人以上の図書館とその要因

●表3－5

図書館名	人数	要因・特徴
伊奈町立図書館（茨城県）	70	点字絵本3T蔵、知的障害児、2次無し
宇都宮市立図書館	40	視覚障害児、盲学校、視覚障害職員
中原町立図書館（佐賀県）	30	聴覚障害職員、2次無し
一関市立図書館	30	聴覚障害児、聾学校、肢体障害職員1名
目黒区立目黒本町図書館	29	さわる絵本105T蔵、74蔵、8制作、障害職員、字幕ビデオ2T蔵、拡大写本製作、点字職員1名
秋田市立中央図書館	26	施設・入院患者、2次無し
岩槻市立中央図書館	25	点字絵本1T蔵6貸、視覚・聴覚・知的？
中津川市立図書館	25	肢体・知的
北区立文化センター（東京都）	25	肢体不自由児、2次無し
愛知芸術文化センター愛知県図書館	21	視覚・肢体？　内部障害職員1名、磁気誘導ループ、高さの調節できる机、誘導チャイム、Faxサービス、点字職員1名
板橋区立小茂根図書館	20	拡大写本5T蔵、肢体障害

図書館名		
練馬区立光が丘図書館	20	さわる絵本54T蔵、399貸、13製作、Faxサービス、点字職員4名、手話職員4名
小牛田町図書館（宮城県）	20	点字絵本4蔵、聴覚障害児、2次無し
大阪市立浪速図書館	20	点字絵本22蔵5貸20増、点字職員1名
北條市立図書館	20	肢体不自由児、養護学校
篠山町立本郷図書館（兵庫県）	20	知的障害児
三鷹市立三鷹図書館	20	字幕入りビデオ10蔵、養護学校
石鳥谷町立図書館（岩手県）	19	施設貸出、肢体・知的
いわき市立勿来図書館	18	知的障害児
標茶町図書館（北海道）	18	知的障害児
大田区立池上図書館	17	知的障害児

　小中学生になるとその数はグンと増える。特に養護学校・盲学校・聾学校との関係が深い。

3．高大学生登録者10人以上の図書館とその要因
●表3－6

図書館名	人数	要因・特徴
板橋区立小茂根図書館	70	肢体不自由者
豊島区立中央図書館	60	視覚障害者
富士見町図書館（長野県）	60	養護学校へ施設貸出
文京区立目白台図書館	52	筑波大学附属盲学校
鳥栖市立図書館	50	視覚障害職員、さわる絵本、字幕入りビデオ有り
伊奈町立図書館（茨城県）	30	知的障害者、2次無し
伊達市立図書館	27	知的障害者？
文京区立真砂図書館	23	字幕入りビデオ蔵60・139貸、視覚・聴覚？
練馬区立光が丘図書館	20	さわる絵本54T蔵、399貸、13製作、Faxサービス、点字手話職員4名
宇都宮市立図書館	20	視覚障害児、盲学校、視覚障害職員
大阪市立住之江図書館	20	知的障害者？
東京都立中央図書館	17	視覚障害者、視覚障害職員
はつかいち市民図書館	17	知的障害者（2次では19人）

| 愛知芸術文化センター愛知県図書館 | 16 | 視覚・肢体？　内部障害職員1名、磁気誘導ループ、高さの調節できる机、誘導チャイム、Faxサービス有り、点字職員1名 |
| 町田市立中央図書館 | 10 | 視覚・聴覚？　磁気誘導ループ、難聴者用電話、聾学校施設貸出 |

　高校大学になるとまた、利用者のいる館が減少してしまう。一つにはそれらの利用者の必要としている資料が何かということが分からないのではないかと思われる。確かに高校大学になると地元を離れるケースが多かったり、図書館に来る時間が取れなかったりということはあるだろうが、小中学校で利用してくれていた子どもたちを高校・大学になっても繋ぎ止めておく方策を考える必要があろう。

4．社会人利用者100人以上
●表3－7

図書館名	人数	内高齢者	10人以上の利用者
豊島区立中央図書館	732		視覚、在宅
横浜市中央図書館	600	200	視覚、肢体
埼玉県立川越図書館	495		視覚
福岡県立図書館	488	440	視覚、施設
東京都立中央図書館	334		視覚、聴覚、肢体
愛知芸術文化センター愛知県図書館	242	60	視覚、肢体
杉並区立中央図書館	219		視覚、肢体
文京区立真砂図書館	195	85	視覚、聴覚、肢体
目黒区立目黒本町図書館	194		視覚、肢体
日の出町立ひので図書館（東京都）	192	120	施設、知的、肢体
大朝町図書館（広島県）	176		入院
富山市立図書館（広島県）	170		視覚、肢体
いわき市立勿来図書館	167	26	肢体、知的、施設
姫路市立城内図書館（広島県）	160	90	視覚
大田区立下丸子図書館	156	65	視覚、肢体

石鳥谷町立図書館（岩手県）	155	54	施設
置戸町図書館（北海道）	135	135	施設
福井県立図書館	130	50	視覚
厚木市立中央図書館	125		視覚、肢体
町田市立中央図書館	119	15	視覚、肢体、聴覚
富田林市立中央図書館	117	108	施設、視覚
練馬区立光が丘図書館	115	50	視覚
武蔵野市立中央図書館	111	70	視覚、肢体
徳島県立図書館	110	38	視覚、肢体
旭川市中央図書館	109	32	視覚、在宅
松山市立中央図書館	105	20	視覚
熊本市立図書館	105	53	視覚、肢体、内部
新宿区戸山図書館	104	30	視覚、施設
江東区立江東図書館	101		視覚、肢体
明石市立図書館	101		視覚

　社会人の利用登録者が100人以上の図書館は以上の30館で、その主な利用者は備考欄の利用者である。やはり、圧倒的に視覚障害者が多数を占めている。視覚障害者については県立図書館や自治体の中央図書館がほとんどだが、**日の出町立ひので図書館**（東京都）、**大朝町図書館**（広島県）、**石鳥谷町立図書館**（岩手県）、**置戸町立図書館**（北海道）など町立図書館では施設や肢体障害者数で100人を越えている。

＜対象者別＞

　障害別の利用登録者では何と行っても視覚障害者が最も多いが、以下にその人数が多い館、そして、それぞれのサービスを受けていたり、利用が多い館を挙げてみる。

1．視覚障害者

● 表3-8　視覚障害登録者100人以上の館

図書館名	登録者数	テープ雑誌 全貸出実績	テープ雑誌 相互貸借借受タイトル数
名古屋市鶴舞中央図書館	607	4,914	3,722
豊島区立中央図書館	604	2,055	117
横浜市中央図書館	552		
埼玉県立図書館	495	12,198	1,362（久喜）
福岡県立図書館	470		
浜松市立中央図書館	428		
東京都立中央図書館	351		
練馬区立光が丘図書館	268	1,745	162
愛知芸術文化センター愛知県図書館	252	144	
文京区立真砂図書館	194	2,838	1,499
杉並区立中央図書館	181	1,981	
姫路市立城内図書館	157		
富山市立図書館	154		
宇都宮市立図書館	150	120	
大田区立下丸子図書館	149		
目黒区立目黒本町図書館	148	1,184	1,161
足立区立中央図書館	141	361	361
岸和田市立図書館	140		
京都市中央図書館	135		
福井県立図書館	131	620	
尼崎市立北図書館	128		
大田区立馬込図書館	127	262	
松山市立中央図書館	126		
大阪市立中央図書館	123		
豊島区立上池袋図書館	115		
飯田市立中央図書館	112		
新宿区立戸山図書館	105	1,493	
厚木市立中央図書館	104	987	987

| 江東区立江東図書館 | 101 | 2,276 | 2,276 |
| 明石市立図書館 | 101 | | |

　視覚障害登録者が100人を越えるのは、以上の30館で、点字図書館の認可を受けている館や都道府県立図書館、自治体内の中心館が上位を占めている。また、定期的にテープ雑誌などを発行している図書館もかなり含まれる。

●表3－9　視覚障害者へのサービス形態とその実施率（視覚障害者登録館532館、登録者14,836人）

	実施館数	％	実利用者	％	実績	一人当たり
対面朗読	204	38.3	5,185	34.9	41,956	8.1時間
一般図書資料の郵送貸出	16	3.0	184	1.2	349	1.9タイトル
視聴覚資料の郵送貸出	87	16.4	7,825	52.7	18,691	2.4
点字録音資料の郵送貸出	173	32.5	9,735	65.6	118,944	12.2
その他の資料の郵送貸出	18	3.4	1,065	7.2	20,526	19.3
宅配	80	15.0	498	3.4	8,737	17.5

　表のように、実施館数で最も多いのは対面朗読だが、実利用者数では点字録音資料の郵送貸出と視聴覚資料の郵送貸出が半数を越えている。郵送貸出の館数が3分の1程度であるのは郵政省の発受施設の指定をすべての館が受けているわけではなく、地域内の一定の図書館が受けて郵送貸出を集中的に行っているからだろう。また実利用者一人当たりの実績では、その他の資料の郵送が最も多く次いで宅配のタイトル数となっている。宅配は館数も少ないながら実利用者も非常に少ないが、点字録音資料の郵送よりも一人当たりの貸し出しタイトル数が5タイトルも多いのは、利用者との関係が郵送よりも緊密であるためではないだろうか。

視覚障害者への対面朗読200時間以上の図書館とその利用者

（　　）内は実利用者数

> 大阪府立中央図書館　3,241時間（22人）、東京都立中央図書館　2,097（41）、大阪市立中央図書館　1,646（36）、町田市立中央図書館　1,020（11）、八王子市中央図書館　1,010（17）、所沢市立所沢図書館　831（106）、松本市中央図書館　742（27）、東京都立多摩図書館　735（87）、調布市立中央図書館　732（14）、杉並区立中央図書館　678（219）、つくば市立中央図書館　660（2）、厚木市立中央図書館　638（27）、豊島区立中央図書館　618（23）、埼玉県立川越図書館　578（495）、横浜市山内図書館　522（31）、日野市立中央図書館　514（21）、東村山市立富士見図書館　508（11）、愛知芸術文化センター愛知県図書館　486（15）、多摩市立永山図書館　476（8）、吹田市立さんくす図書館　428（29）、江東区立東大島図書館　443（8）、板橋区立中央図書館　425（15）、岡山市立中央図書館　410（5）、墨田区立寺島図書館　379（18）、坂戸市立中央図書館　362（4）、江東区立亀戸図書館　358（11）、志木市立柳瀬川図書館　342（4）、川崎市立中原図書館　338（7）、練馬区立練馬図書館　335（9）、新宿区立戸山図書館　328（11）、江東区立江東図書館　308（4）、武蔵野市立中央図書館　307（5）、高槻市立中央図書館　296（5）、墨田区立緑図書館　280（6）、大田区立蒲田駅前図書館　280（5）、葛飾区立葛飾図書館　278（7）、名古屋市鶴舞中央図書館　278、吹田市立江坂図書館　272（7）、江東区立深川図書館　263（9）、世田谷区立中央図書館　254（4）、名古屋市中村図書館　254（21）、名古屋市西図書館　252、板橋区立高島平図書館　251（10）、名古屋市瑞穂図書館　223（5）、日立市立記念図書館　221（2）、川越市立図書館　216（54）、堺市立泉ヶ丘図書館　215、尼崎市立中央図書館　214（3）、世田谷区立下馬図書館　210（3）、品川区立品川図書館　202（7）

　対面朗読時間が200時間を越えるのは以上の50館だが、その内1,000時間を越える館は5館に過ぎない。時間数の後の数値は、分かる範囲で調査した実利用者の数値だが、1,000時間を越える図書館でも視覚障害者の利用登録者数と比べて、対面朗読を実際に利用した利用者の数は多くない。

　2次調査で、視覚障害者の対面朗読利用者実数を回答した図書館は204

館でその人数は5,185人となっている。従って視覚障害者の利用登録者がいる532館14,836人のそれぞれ38.5％、34.9％しか対面朗読を利用していないことになる。せめて利用登録者の半数が対面朗読を利用するくらいに数値をあげたいものだ。

視覚障害者への点字録音資料の郵送1000タイトル以上とその対象者

（　）内は利用者数

名古屋市鶴舞中央図書館　15,375タイトル（645人）、埼玉県立久喜図書館　12,588（495）、埼玉県立川越図書館　9,302（495）、横浜市中央図書館　9,283（552）、市立函館図書館第1分館　7,366（22）、豊島区立中央図書館　6,912（604）、江東区立江東図書館　4,494（101）、八王子市立中央図書館　4,415（79）、尼崎市立北図書館　4,212（108）、飯田市立中央図書館　3,548（110）、国立市立くにたち中央図書館　3,476（25）、練馬区立光が丘図書館　2,798（70）、久留米市民図書館　2,534、厚木市立中央図書館　2,470（104）、旭川市中央図書館　2,301（77）、富山市立図書館　2,252、岡山市立中央図書館　2,230（81）、墨田区立あずま図書館　2,152（25）、東京都立多摩図書館　2,123（87）、吹田市立中央図書館　2,110（68）、新宿区立戸山図書館　2,097（105）、品川区立品川図書館　2,056（44）、練馬区立平和台図書館　2,031、町田市立中央図書館　2,024（63）、大阪市立中央図書館　1,802（123）、練馬区立貫井図書館　1,766（50）、北本市立中央図書館　1,666（19）、鳩ヶ谷市立図書館　1,451（23）、愛知芸術文化センター愛知県図書館　1,420（172）、千葉県立西部図書館　1,420（98）、目黒区立目黒本町図書館　1,344（21）、金沢市立泉野図書館　1,300（81）、群馬県立図書館　1,272（495）、高松市図書館　1,186、東大阪市立永和図書館　1,167（150）、四日市市立図書館　1,099（80）、足立区立中央図書館　1,043（141）、東久留米市立中央図書館　1,020（26）

盲人用発受施設の認可を受けなければ録音資料は無料で郵送することが出来ないので、ほとんどが自治体の中心館や中央図書館となっている。しかし練馬区の3館が含まれていることは特徴的である。

視覚障害者への視聴覚資料の貸出100タイトル以上とその利用者

（　　）内は利用者数

> 鹿児島市立図書館　2,783タイトル、調布市立中央図書館　2,660タイトル（81人）、磐田市立図書館　1,167、練馬区立練馬図書館　1,153（55）、練馬区立平和台図書館　1,067（61）、長野市立長野図書館　914（43）、大田区立馬込図書館　852（60）、練馬区立石神井図書館　821（72）、大田区立大森南図書館　816（40）、港区立みなと図書館　767（17）、宝塚市立中央図書館　427、東大和市立中央図書館　414（13）、新宿区立戸山図書館　318（105）、江戸川区立葛西図書館　266（26）、岐阜県図書館　254（15）、練馬区立光が丘図書館　221（15）、高崎市立図書館　218（44）、刈谷市中央図書館　217（21）、稲城市立図書館　210（9）、下諏訪町立図書館（長野県）　202（77）、横浜市港北図書館　187（不明）、半田市立図書館　184（24）、日の出町立ひので図書館（東京都）　162（12）、大宮市立図書館　158、大田区立大森東図書館　148（30）、北上市立中央図書館　145（1）、酒田市立中央図書館　141（141）、大阪府立中央図書館　126（22）、御殿場市立図書館　112、伊那市立図書館　100（26）

　ここで想定される資料は市販テープやＣＤなどであるが、明らかに録音図書などを含んでいる館もある（たとえば練馬図書館の数値は東公図の調査では録音図書の数値で、市販テープは566タイトルとなっている）ここでも練馬区の図書館が4館含まれ、郵送サービスの活発さが伺える。（練馬区は宅配サービスを実施していない）

視覚障害者へのその他の資料の郵送100タイトル以上

（　　）内は利用者数

> いわき市立中央図書館　6,468タイトル、大牟田市立図書館　6,185タイトル（88人）、名古屋市鶴舞中央図書館　5,979（607）、弘前市立図書館　1,081（47）、江東区立城東図書館　280（15）、岐阜県図書館　241（70）、酒田市立中央図書館　122（122）

　その他の資料が何を指すのか今回の調査では不明である。

視覚障害者への宅配100タイトル以上

（　　）内は利用者数

> 田川市立中央図書館　960タイトル（20人）、墨田区立緑図書館　942（13）、品川区立品川図書館　785（4）、墨田区立あずま図書館　759（8）、草津市立図書館　599（19）、八幡市立八幡市民図書館　527（10）、伊勢崎市立図書館　476（3）、東大和市立中央図書館　424（5）、世田谷区立烏山図書館　343（8）、墨田区立八広図書館　341（9）、栗東町立図書館（滋賀県）336（14）、大田区立久が原図書館　316（1）、鳩ヶ谷市立図書館　230（23）、品川区立大崎図書館　208（3）、田無市立谷戸図書館　178（7）、墨田区立寺島図書館　164（10）、習志野市立新習志野図書館　149（14）、国立市立くにたち中央図書館　119（3）、立川市若葉図書館　119（3）

　視覚障害者への宅配を実施した図書館は、全国で僅か80館しかない、しかも100タイトル以上資料を宅配した館は以上の19館に過ぎない。その内墨田区立図書館が4館、品川区立図書館が2館含まれており、宅配サービスが活発であることが分かる。

2．聴覚障害者

　聴覚障害者が多く利用している図書館はそれほど多くはない。以下に見る図書館は半数近くが聾学校との関連で多くの利用者がいると思われる。その他に障害を持った職員や手話の出来る職員がいることが要因として考えられる。**大垣市立**や**塩尻市立**に見られるように字幕入りビデオを貸し出ししたり、**文京区立真砂図書館**のように字幕付き映画会を毎年上映するなど、資料を通した積極的なアプローチが是非とも必要とされるのではないか。

● 表3-10　聴覚障害登録者12人以上の館

図書館名	登録者数	要因・特徴
三和町図書館（広島県）	37	障害職員、緊急時用点滅ランプ
新得町図書館（北海道）	36	施設入所者　障害者施設内にBM
綾部市図書館	33	2次は無し
大垣市立図書館	31	字幕ビデオ88T 113蔵、17T 60蔵、Fax実施
豊島区立巣鴨図書館	30	障害職員、聾学校に貸出、手話職員2名
一関市立図書館	25	障害職員、聾学校にBM小中学
市川市中央図書館	25	障害職員、磁気誘導ループ
町田市立中央図書館	25	磁気誘導ループ、難聴電話、聾学校にBM、手話職員2名
小牛田町図書館（近代文学館）（宮城県）	25	聾学校、2次は無し
塩尻市立図書館	21	字幕ビデオ229蔵、167貸、49増、Fax実施、手話職員10名
春日市民図書館	20	2次無し（施設入所の重複障害者か？）
町立高鍋図書館（宮崎県）	20	2次無し
足立区立竹の塚図書館	16	都立足立聾学校（花畑）
東京都立中央図書館	14	障害職員、手話職員6名
袋井市立図書館	14	障害職員、磁気誘導ループ
文京区立真砂図書館	13	字幕付き映画会を年2回開催
勝浦町立図書館（徳島県）	12	

3．肢体障害者

● 表3-11　肢体障害者へのサービス形態とその実施率（肢体障害者登録館640館、登録者3,676人）

	実施館数	％	実利用者	％	実績	一人当たり
一般図書資料の郵送貸出	50	7.8	538	14.6	2,981	5.5
視聴覚資料の郵送貸出	16	2.5	195	5.3	334	1.7
宅配	88	13.8	692	18.8	8,027	11.6

一般資料の郵送貸出は館数が少ないものの利用者は多く、実績もかなりあるが、やはり宅配による実績の方が多くなっている。

●表3－12　肢体不自由登録者30人以上の図書館

図書館名	人数	要因・特徴
京都市中央図書館	161	トイレ・駐車場・エレベーター・車椅子
板橋区立小茂根図書館	135	エレベーター・車椅子
いわき市立勿来図書館	123	駐車場・エレベーター
京都市洛西図書館	66	駐車場
名古屋市鶴舞中央図書館	65	郵送貸出利用者65人
豊島区立中央図書館	57	宅配利用者57人、駐車場
徳島県立図書館	57	郵送貸出利用者57人、駐車場・車椅子
大阪市立中央図書館	56	郵送貸出利用者13人
大津市立図書館	55	郵送貸出利用者、駐車場・車椅子
横浜市中央図書館	52	郵送貸出利用者52人、エレベーター・車椅子
熊本市立図書館	46	郵送貸出利用者
松本市立中央図書館	44	宅配利用者57人、駐車場
目黒区立目黒本町図書館	43	宅配利用者18人
町田市立中央図書館	41	郵送貸出・宅配利用者
小平市中央図書館	41	
杉並区立中央図書館	35	エレベーター
浦添市立図書館	35	郵送貸出利用者11人、エレベーター
多摩市立永山図書館	31	
川西市立中央図書館	31	駐車場・エレベーター・車椅子・高さ調節の机
大田区立蒲田駅前図書館	30	
新宮町立図書館（福岡県）	30	駐車場・トイレ・エレベーター・車椅子

　障害者用駐車場がある図書館が半数近くあるのが特徴的である。

肢体不自由者に対する一般図書の郵送貸出　　（　　）内は貸出冊数

名古屋市鶴舞中央図書館（1,139）、富山市立図書館（442）、名古屋市中村図書館（331）、津市図書館（197）、大阪府立中央図書館（109）、名古屋市瑞穂図書館（102）、名古屋市南図書館（90）三重県立図書館（88）、一宮市立豊島図書館（85）、川崎市立中原図書館（60）、豊田市立中央図書館（59）、半田市立図書館（56）、八王子市立中央図書館（41）、浦添市立図書館（39）、上田市立図書館（30）、金沢市立玉川図書館（29）、豊橋市中央図書館（29）、川崎市宮前図書館（16）、名古屋市天白図書館（８）、山口県立山口図書館（８）、富士宮市立中央図書館（６）、宇都宮市立東図書館（６）、小平市中央図書館（３）、土佐市立市民図書館（３）、碧南市民図書館（３）、甲田町立図書館（広島県）（１）、桶川市立図書館（１）

肢体不自由者に対して一般図書を郵送貸出している図書館は僅かに以上の27館しかない（対象利用者数を記入した館は50館近くある。また視聴覚資料の郵送は17館）。身体障害者用書籍小包郵便物の半額助成補助の制度があるにも関わらず全国的に余りにも少なすぎるのではないだろうか。なかでは名古屋市の図書館が５館あり、タイトル数でも群を抜いている。

肢体不自由者への視聴覚資料の郵送　　　　（　　）内は実利用者数

名古屋市鶴舞中央図書館　238タイトル（65）、成東町図書館（千葉県）58（１）、半田市立図書館　16（９）、名古屋市瑞穂図書館　11（７）、葛飾区立お花茶屋図書館　11（11）

肢体障害者への宅配貸出タイトル100以上　　（　　）内は実利用者数

成田市立図書館　929タイトル（５人）、福山市民図書館　730タイトル、品川区立品川図書館　529（６）、重信町立図書館（愛媛県）　500（４）、豊島区立中央図書館　444（57）、香寺町立図書館（兵庫県）　360（１）、大田区立入新井図書館　336（４）、江戸川区立葛西図書館　328（３）、細江町立図書館（静岡県）　315、ひたちなか市立那珂湊図書館　303（４）、東久留米市立中央図書

館　238（2）、大田区立浜竹図書館　237（4）、大田区立多摩川図書館　228（2）、品川区立大崎図書館　203（2）、静岡市立中央図書館　201（5）、稲沢市立図書館　198（19）、大田区立大森南図書館　187（2）、伊那市立図書館　180（1）、軽井沢町立図書館（長野県）　176（17）、草津市立図書館　164（1）、彦根市立図書館　160（9）、立川市高松図書館　150（1）、東松山市立図書館　114（2）、貝塚市民図書館　107（1）、品川区立源氏前図書館　106（1）

　肢体障害者に対して宅配を実施しているのは、利用者がいると回答した88館と、貸出があった55館だった。数としては視覚障害者を少し上回っているが、利用者の実数は全国的に見ても非常に少ないといわざるを得ない。貸出冊数が不明と回答した館がいくつかあり、利用者数が5名を越えている館を以下に挙げておく。豊島区立中央図書館はそよかぜ号という車を使用して、肢体障害者・高齢者への宅配を1973年から行っており、定着したサービスとなっている。大田区の図書館が4館、品川区の図書館が3館含まれている。

肢体障害者への宅配利用者5人以上とその貸出タイトル

（　　）内は貸出タイトル数

　豊島区立中央図書館　57人（444タイトル）、稲沢市立図書館　19（198）、松戸市立図書館　19、目黒区立目黒本町図書館　18（12）、浦安市立中央図書館　17（不明）、軽井沢町立図書館（長野県）　17（176）、岩国市立中央図書館　14、熊谷市立図書館　12、文京区立真砂図書館　9（不明）、彦根市立図書館　9（160）、千葉市立北部図書館　9、日野市立中央図書館　7（不明）、品川区立五反田図書館　7、品川区立品川図書館　6（529）、越谷市立図書館　5（不明）、成田市立図書館　5（929）、静岡市立中央図書館　5（201）

4．内部障害者

●表3－13　内部障害者利用登録者10人以上

図書館名	登録者数	要因・特徴
名古屋市中川図書館	21	障害者施設内にBMのステーション 1次…郵送貸出あり　施設貸出あり 利用者数（施設入所者数）全国1位（308人） 郵送貸出年間貸出冊数　全国15位（914冊） 2次…施設貸出　貸出数　全国38位（1378） 特別養護老人ホーム、障害者施設への施設貸出 電話サービス実施　Ｆａｘ番号公開 職員研修会実施　障害者サービス検討機関あり 目録、利用案内あり　PR実施
豊田市立図書館	16	身体障害者へ郵送貸出87名登録、障害者用駐車場、車椅子あり、電話サービス実施目録、利用案内あり
和木町立図書館（山口県）	15	在宅療養者
熊本市立図書館	12	施設入所者11人　身体障害者への郵送貸出94人 郵送貸出年間貸出冊数　全国13位（973冊） 施設貸出年間貸出冊数　全国4位（8552冊） 入院患者サービス年間貸出冊数全国5位 　　　　　　　　　　　　　　　　（3931冊） 障害を持つ職員1名（肢体障害） スロープ、駐車場、エレベーター、車椅子あり 2次…一般図書郵送貸出　利用実績（計）649 施設貸出　実績（施設数）64 登録者数5,497 入院患者サービス　実績（施設数）3 実績（貸出数）3,931 特別養護老人ホームへの施設貸出 障害者サービス検討機関あり
世田谷区立梅丘図書館	11	在宅？
名古屋市天白図書館	11	郵送貸出19人、身体障害者への郵送貸出 郵送貸出年間貸出冊数　全国8位（1198冊） 専任担当職員1名スロープ、駐車場、車椅子あり 2次…一般図書郵送貸出　利用実績（内部）10　利用登録実績（内部）10 Ｆａｘ番号公開 障害者サービス検討機関あり、障害者に配慮した講演会

| 豊島区立目白図書館 | 10 | |
| 当麻町立図書館（北海道） | 10 | |

　名古屋市の図書館は西図書館を除く16館が郵送貸出を実施しており、その登録者は809人に及ぶ、その内視覚障害者の登録者数655人を引くと154人が視覚障害者以外の郵送貸出利用登録者となる。肢体障害者が104人、内部障害者が80人登録しており、このうち肢体障害者の郵送貸出利用者数は111人、内部障害者の郵送貸出利用者は24人となっている。全国で内部障害者に対して一般図書の郵送貸出を実施しているのは、次の9館42名しかなく、その内の5館24名が名古屋市、6館33名が愛知県の図書館となっている。（**名古屋市天白区図書館、愛知芸術文化センター愛知県図書館、名古屋市中村図書館、名古屋市南図書館、名古屋市瑞穂図書館、名古屋市千種図書館**。これは2次調査のデータだが名古屋市15館の内2次調査に回答したのは10館しかなく、1次調査で郵送貸出を実施していると回答した、残りの5館分を加えると数値はさらにのびるものと思われる）

内部障害者への宅配　　　　　　　　　　　　　　（　）内は実利用者数

千葉市立高洲図書館　324タイトル、品川区立品川図書館　178（2人）、墨田区立緑図書館　120（3）、大田区立浜竹図書館　92（1）、草津市立図書館　51（1）、能代市立図書館　36、彦根市立図書館　30（2）、豊島区立中央図書館　30（1）、八幡市立八幡市民図書館　9（1）

　内部障害者への宅配を実施している図書館は9館しかない。（宅配利用者では17館）肺や心臓機能障害の人はなかなか外出が困難であり、特に冬場などの外出は命の危険が伴うという。その意味では肢体障害者以上に宅配や郵送貸出を求めているのではないだろうか。

5．知的障害者
●表3－14　知的障害者利用登録者30人以上

図書館名	登録者数	要因・特徴
（財）金森和心会クローバー子供図書館	110	入院患者の誤記？
伊奈町立図書館（茨城県）	100	小中高生、2次無し
日の出町立ひので図書館（東京都）	66	施設入所者130人登録、障害者施設内の一定の場所で貸出
福江市立図書館	60	施設入所者、障害者施設内を職員が巡回して貸出
伊達市立図書館	48	施設入所者70人登録
いわき市立勿来図書館	36	施設貸出、肢体・知的
田布施町立田布施図書館（山口県）	35	施設入所者、障害者施設内の一定の場所で貸出
根室市図書館	30	施設貸出か？
岩槻市立中央図書館	30	岩槻養護学校有り
鳩ヶ谷市立図書館	30	
東大和市立中央図書館	30	
高槻市立中央図書館	30	
安来市立図書館	30	
庄原市立図書館	30	
信楽町立図書館（滋賀県）	30	

　知的障害者の利用についても養護学校・施設や障害者施設との関連が非常に強いと思われる。利用者数はそこそこあるものの、それらの人たちにどういうサービスを展開していくかということについては今回の調査では調べられなかった。次回の調査ではこの点を是非調査したい。

6．入院患者

　入院患者の利用登録者については1次調査と2次調査でかなりの数値の違いがあるために以下にそれぞれを挙げておく。しかしこの中にはかなり誤記も含まれると思われる。どちらかと言えば2次調査の方が正しい数値ではないかと思われる。とすると、入院患者の登録者が実数としてあがっているのは僅かに23館で2,588人と言うことになってしまう。

● 表 3 -15　1 次調査の入院患者 10 人以上

図書館名	利用者数	貸出数タイトル	巻	冊	登録施設
名古屋市西図書館	350				
栗山町図書館（北海道）	250	6,000		6,000	1
大朝町図書館（広島県）	176			689	1
大栄町立図書館（鳥取県）	60			60	1
泉佐野市立中央図書館	50				
八雲町立図書館（北海道）	40			693	1
茨城町立図書館（茨城県）	30			26	1
町立みささ図書館（鳥取県）	30	515	198	489	1
日野町図書館（鳥取県）	30			150	1
三重町立図書館（大分県）	30			269	1
大田区立大森南図書館	27		2	105	1
丸子町立金子図書館（長野県）	20				2
三鷹市立三鷹駅前図書館	15				
宇和島市立図書館	15				
花巻市図書館	10				
秋田市立中央図書館明徳館	10		500		2
安来市立図書館	10				
塙町立図書館（福島県）	10		230		1
富来町図書館（石川県）	10		76		2
能都町中央図書館（石川県）	10				

● 表 3 -16　2 次調査で入院患者の利用登録者数を記入した館

図書館名	登録者数	貸出数	病院数	登録施設
枚方市立香里ヶ丘図書館	602	9,577	3	3
稲城市立図書館	550	1,355	1	1
浦安市立中央図書館	524	2,309	1	1
豊浦町図書館（山口県）	150	300	1	1
（財）金森和心会 クローバー子供図書館	110	716	1	1

図書館名				
胆沢町立図書館（岩手県）	108	134	1	1
熊本市立図書館	103	3,931	3	3
大津市立図書館	100	800	1	1
三条市立図書館	72	1,081	1	1
名古屋市立西図書館	50	1,500	1	1
岩泉町立図書館（岩手県）	50	440	1	1
茨城町立図書館（茨城県）	30	52	1	1
町立みささ図書館（鳥取県）	30	515	1	2
三重町立図書館（大分県）	30	269	1	1
北勢町図書館（三重県）	30	51	1	1
大田区立大森南図書館	27	105	1	1
長万部町図書館（北海道）	12	80	1	1
重信町立図書館（愛媛県）	4	200	1	1
能代市立図書館	2	31	1	2
北九州市立八幡図書館	2	100	1	1
大朝町図書館（広島県）	1		1	1
三重県立図書館	1		1	

●表3-17　登録者数不明を含む貸出があった館とその貸出形態

図書館名	貸出数	登録者数	病院数	形態
枚方市立香里ヶ丘図書館	9,577	602	3	職員一定の場所
枚方市立枚方図書館	5,449	不明	2	ＢＭステーション
熊本市立図書館	3,931	103	3	病院内図書室
西宮市立中央図書館	3,046		1	職員一定の場所
昭島市民図書館	2,895	不明	3	職員が巡回
彦根市立図書館	2,500	不明		病院内図書室
白井町立図書館（千葉県）	2,344	不明	2	ＢＭステーション
浦安市立中央図書館	2,309	524	1	職員が巡回
倉敷市立中央図書館	2,045	不明	3	病院内図書室
江刺市立図書館	1,826	不明	1	職員が巡回
品川区立品川図書館	1,650	不明	2	病院内図書室

図書館名				
名古屋市西図書館	1,500	50	3	ＢＭステーション
稲城市立図書館	1,355	550	2	職員一定の場所
柏原市立図書館	1,273		3	職員一定の場所
出水市立図書館	1,129	不明	1	病院内図書室
三条市立図書館	1,081	72	3	ＢＭステーション
伊那市立図書館	800	不明		病院内図書室
大津市立図書館	800	100	2	
（財）金森和心会 クローバー子供図書館	716	110	1	職員が巡回
寒河江市立図書館	600	不明	1	病院内図書室
八雲町立図書館（北海道）	600	不明	1	病院内図書室
静岡市立中央図書館	600	不明	1	病院内ボラ
日南町図書館（鳥取県）	560	不明	1	病院内図書室
田子町立図書館（青森県）	537	不明	1	
町立みささ図書館（鳥取県）	515	30	2	ＢＭステーション
岩泉町立図書館（岩手県）	440	50	1	
豊浦町図書館（山口県）	300	150	1	病院内ボラ
三重町立図書館（大分県）	269	30	1	職員一定の場所
重信町立図書館（愛媛県）	200	4	1	職員が巡回
芽室町図書館（北海道）	200	不明	1	病院内図書室
興部町立図書館（北海道）	200	不明	1	病院内図書室
胆沢町立図書館（岩手県）	134	108	1	職員一定の場所
与論町立図書館（鹿児島県）	108	不明	1	病院内図書室
大田区立大森南図書館	105	27	1	職員一定の場所
北九州市立八幡図書館	100	2	1	
狭山市立中央図書館	100	不明	1	病院内図書室
長万部町図書館（北海道）	80	12	1	ＢＭステーション
大栄町立図書館（鳥取県）	60	不明	1	病院内図書室
茨城町立図書館（茨城県）	52	30	1	病院内ボラ
北勢町図書館（三重県）	51	30	1	
能代市立図書館	31	2	2	

| 黒磯市図書館 | 10 | 不明 | 1 | 病院図書室 |
| 大阪市立城東図書館 | 1 | 不明 | 1 | 病院内ボラ |

7．在宅療養者

在宅療養登録者数5人以上

市川市中央図書館（42）、旭川市中央図書館（32）、秋田県立図書館（17）、月潟村民図書館（新潟県）（15）、和木町立図書館（山口県）（15）、岡山市立中央図書館（14）、豊田町立図書館（静岡県）（10）、きらめき図書館（三重県）（10）、大野村立図書館（岩手県）（9）、世田谷区立上北沢図書館（8）、千葉市立高洲図書館（5）、久留米市民図書館（5）、浜頓別町立図書館（北海道）（5）、箕郷町立図書館（群馬県）（5）、安土町立図書館（滋賀県）（5）、和気町立図書館（山口県）（5）

在宅療養者が具体的にどのような人を指すのかは不明である。

8．施設入所者

●表3－18　施設入所登録者数50人以上の貸出、施設数とその形態

図書館名	登録者	貸出	施設	形態	施設名
熊本市立図書館	5,497	不明	64	施設図書室	特養老　その他
盛岡市立図書館	499	1,622	3	BMステーション	特養老　老険施設
胆沢町立図書館（岩手県）	444	1,440	8	図員一定の場所	
名古屋市中川図書館	308	1,378	4	BMステーション	特養老　障害者
いわき市立勿来図書館	185	1,646	5	BMステーション	特養老　障害者
大津市立図書館	183	3,000	3	施設図書室	特養老
大阪市立西成図書館	150	1,000	3	施設内ボラ	特養老　その他
杉並区立柿木図書館	138	200	1	その他	特養老
日の出町立ひので図書館（東京都）	130	3,227	5	図員一定の場所	特養老　障害者施設
高知県立図書館	127	1,965	8	施設図書室	特養老
大田区立六郷図書館	118	280	1	施設図書室	養護学校

枚方市立香里ヶ丘図書館	102	6,494	4	図員一定の場所	特養老 障害者施設
御坊市立図書館	100	3	1	施設図書室	養護学校
富田林市立中央図書館	100	1,000	1	図員一定の	特養老
石鳥谷町立図書館（岩手県）	90	859	5	施設図書室	養護学校 特養老
今治市立図書館	90	不明	6	施設図書室	養護学校 特養老
瀬戸市立図書館	80	450	1	施設図書室	養護学校
杉並区立永福図書館	71	2	2	施設図書室	養護学校
伊達市立図書館	70	447	1	施設図書室	養護学校
西那須野町図書館（栃木県）	60	480	1	施設図書室	養護学校
名古屋市西図書館	60	2,000	1	施設図書室	養護学校
三条市立図書館	59	413	2		養護学校
川島町立図書館（徳島県）	58	893	2	図員一定の	特養老 老険施設
重信町立図書館（愛媛県）	50	150	1	施設図書室	特養老
阿南町立図書館（長野県）	50	1,500	3	ＢＭステーション	特養老 障害者施設
五所川原市立図書館	50	663	5	施設図書室	特養老
犀川町図書館（福岡県）	50	150	1	図員一定の場所	老険施設 その他
南部町立図書館（山梨県）	50	400	1	図書館員が巡回	特養老
河芸町立図書館（三重県）	50	不明	1	施設図書室	特養老
内子町立図書館（愛媛県）	50	不明	1	施設図書室	特養老
由仁町ゆめっく館（北海道）	50	200	1	施設図書室	養護学校

9．高齢者

高齢者への宅配10タイトル以上　　　　　　　　（　）内は利用者数

豊島区立中央図書館　1.120（130）、大野村立図書館（岩手県）990（9）、立川市錦図書館　322（1）、町田市立中央図書館　274（2）、西那須野町図書館（栃木県）208（2）、墨田区立緑図書館　131（14）、静岡市立南部図書館　100（2）、伊勢崎市立図書館　85（5）、能代市立図書館　80、大田区立馬込図書館　52（4）、大田区立入新井図書館　48（1）、西仙北町立図書館（秋田県）36（1）、袖ヶ浦市立中央図書館　20（1）、東町立図書館（茨城県）13（不明）、豊中市立千里図書館　12（1）、下條村立図書館（長野県）10（2）

10. 受刑者

　これまでに４回実施された障害者サービスの全国調査の中で、「受刑者サービス」が調査項目に加えられたのは今回が初めてである。

　受刑者や未決拘禁者など、刑務所、拘置所、少年院などの矯正施設の被収容者に対してサービスを行っている図書館は表３－19の26館だった。これは、１次調査、２次調査を通して施設、貸出、登録者数に具体的な数値を記入した図書館の数である。しかし、この内のいくつかの館に関してはサービス区域内に矯正施設がないので、誤記と考えられる。サービス内容は自動車文庫を拘置支所および少年鑑別所に巡回させている館（**姫路市立城内図書館**）が１館あった他はほとんどが団体貸出のようである。

　矯正施設の被収容者に対してサービスを行っている図書館は予想したとおり極めて少ない。全国の公立図書館と矯正施設の所在地をつきあわせると、サービス区域（行政区域）内に矯正施設を抱える自治体の数は都道府県を含めて234を数える（図書館未設置の自治体を除く）から、何らかのサービスを行っている図書館は該当館の９％にしか過ぎない現状である。まだサービス体制を持っていない自治体の図書館には今後積極的な取り組みを是非とも期待したい。

　矯正施設の被収容者は、公立図書館のサービスを最も必要としている状況下に置かれているにもかかわらず、公立図書館のサービスから最も疎外されている人々である。なぜなら、矯正施設当局が動いてくれない限り、彼らには公立図書館にアクセスするすべがないからである。だが、矯正施設当局は、公立図書館からサービスを受けることについてはまだまだ消極的なように見受けられる。そこで、矯正施設をサービス区域内に抱える未実施館には、矯正施設からの要請を待たずとも、矯正施設当局に対して図書館の方からも主体的に働きかけをするよう望みたい。なぜならサービス対象は、矯正施設という機関そのものなのではなく、そこに収容されている人であるからである。

●表3-19　受刑者へのサービス実施館

図書館名	施設数	タイトル数	巻数	冊数	登録者数
佐賀県立図書館	3			3,780	
津市図書館	1			2,200	
瀬戸市立図書館	1	1,200		1,250	
静岡市立中央図書館	1			990	
小田原市立かもめ図書館	1		1	858	
横須賀市立中央図書館	1			690	
下関市立下関図書館	1			600	
大分県立図書館	1			400	
熊本市立図書館	1			302	
七尾市立図書館	1			300	
大曲市立大曲図書館	1			188	
中村市立図書館	1	90		95	
重信町立図書館（愛媛県）	1			50	
藍住町立図書館（徳島県）	1			18	
鳥取県立図書館	1				
会津若松市立会津図書館	1		500		
長岡市立中央図書館	1				
富山市立図書館	1		230		
金沢市立玉川図書館	2		76		
豊明市立図書館	1				
堺市立中央図書館	1				
別府市立図書館	1				
岡山市立中央図書館	1				
網走市立図書館	1				
姫路市立城内図書館	2				
大野町立図書館（岐阜県）					5

3-1-4　今後の課題
1　物理的な障害の克服と職員の役割

　図書館利用に障害のある利用者は入院患者一つをとってみても、1日平均で140万人近くいる。また、社会福祉施設の在所者数も平成10年度でおよそ250万人にもなる。こうした、入院していたり、施設に入所していたりという物理的に図書館に来館できない人だけでも相当数にのぼることが分かる。自治体内にこうした病院や施設があれば、確実に図書館利用の障害者が存在するわけで、図書館としても何らかの方策を検討すべきではないだろうか。

　今回の2次調査では施設貸出と入院患者サービスについてそのサービス形態を聞いているが、その形態ごとの資料貸出状況を見ると次のような結果が出ている。（不明と回答している館が相当数あるので、具体的な数値を回答している館のみを抽出した）

＜施設貸出＞

●表3－20　施設貸出のサービス形態と貸出数

	図書館数	貸出数	1館当たり
図書館員が施設内を巡回している館	8	7,558	944.8
図書館員が施設内の一定の場所で貸出	21	33,929	1615.7
施設内の図書室に貸出	101	82,178	813.6
施設にBMのステーション	21	27,043	1287.8
施設内のボランティアに団体貸出	13	5,098	392.2
その他	29	9,578	330.3

　問2施設貸出の実績の総計では回答館255館で、173,007冊なので、1館当たりの平均貸出冊数は678.5冊となる。また1次調査で利用登録者数の実数を上げている館の登録者数を同じように比較してみても、表3－21のようになる。

● 表3-21　施設貸出のサービス形態と登録者数

	図書館数	登録者数	1館当たり
1次調査総数	117	2,602	22.2
図書館員が施設内を巡回している館	2	57	28.2
図書館員が施設内の一定の場所で貸出	9	368	40.9
施設にBMのステーション	14	942	67.3

＜病院貸出＞

● 表3-22　入院患者サービスのサービス形態と貸出数

	図書館数	貸出数	1館当たり
図書館員が病院内を巡回している館	5（6）	7,946	1589.2
図書館員が病院内の一定の場所で貸出	7（7）	15,759	2251.3
病院内の図書室に貸出	16（28）	14,793	924.6
病院にBMのステーション	6（11）	10,969	1828.2
病院内のボランティアに団体貸出	2（6）	652	326.0

（　）内は貸出形態を実施している館数で、貸出数の記入がなかったり不明だった館数。

　入院患者へのサービスで貸出数を記入した図書館は42館あり、その貸出数の総計は52,079点で1館平均1240点となる。
　同じく登録者数を1次調査で登録者を記入した図書館数で割ると1館当たりで表3-23のようになるが、入院患者へのサービスではとりわけ図書館員が病院内の一定の場所で貸出をしている図書館の1館当たりの登録者数が多くなっている。

● 表3-23　入院患者サービスの形態と登録者数

	図書館数	登録者数	1館当たり
1次調査総数	93	1,347	14.5
図書館員が病院内を巡回している館	4（6）	639	159.8
図書館員が病院内の一定の場所で貸出	5（7）	1,317	263.4
病院内の図書室に貸出	3（28）	353	117.7
病院にBMのステーション	4（11）	164	41.0

この二つの表で明らかなのは、施設貸出や入院患者サービスの全体平均に比べて、直接図書館員が係わる方式をとっている図書館では、平均の貸出冊数も登録者数も多くなっているということである。特に施設ではＢＭのステーションがあって施設に定期的に訪問しているケース、病院では図書館員が一定の場所で貸出をしているケースが多く、持っていく資料の数も豊富であるため貸出や登録者が多くなっているのだろう。施設内の図書室などに貸しているという図書館が152館（貸出冊数０あるいは不明を含む）あるが、何らかの形で図書館員が出向いていって貸し出しすることはできないだろうか。また視覚障害者、肢体障害者双方のサービス形態別の利用者一人当たりの貸出タイトル数を見ても郵送よりも宅配の方がより多くなっており、極力職員が直接サービスを展開した方が利用しやすいと言えるのではないか。

　物理的な障害では、先に明らかにしたように肢体不自由者の利用が施設設備によって大きく変わってくる。車椅子利用者にとっては障害者用のトイレが設置されているかどうかは切実な問題であろう。従って、逆に障害者用トイレがあったり、障害者用の駐車場がある図書館は、このことを広く積極的にＰＲすべきであろう。肢体不自由者の利用者が無かった館の内、身障者用トイレがありながら無かった館が1,181館、障害者用駐車場がありながら無かった館が580館もある。（実際には利用している可能性は高いが）また、障害者用に配慮したエレベーター、入口の段差がないことなど、行ってみなければ分からないという状態から、設備があるから安心という気持ちを持ってもらえるように広く知らせることが何より重要ではないだろうか。

2　資料に係わる障害の克服

　現在の障害者サービス用の資料というと録音図書を中心とした視覚障害者用の資料が大半を占めている。しかし、幼児や小学生の利用の多い館を調べてみると、その数は少ないけれども布の絵本やさわる絵本、点字絵本

や字幕入り・手話入りビデオなどが所蔵されていることが分かる。視覚障害者用資料の一層の充実は勿論だが、様々な資料の持っている可能性を引き出していくことも考えられなければならないだろう。例えば利用登録者も多い知的障害の利用者にどんな資料が喜ばれるのか、高齢者にとっての大活字本の有用性、あるいは絵本や紙芝居の可能性等々、ここでも単に貸し出しするだけでなくどんな資料がどんな風に喜ばれたのか、どんな利用のされ方をしたのかということまで踏み込んで、つかんでいく必要があると思われる。

また、資料の量としては大きな部分を占める録音図書が寝たきりの人や入院中の人にとっても有効な資料であるという認識を広めて多角的に利用されるようにＰＲすべきだろう。今後思わぬ資料が思わぬ人にとって最適であるという可能性を広げていかねばならないだろう。

3　コミュニケーションの障害の克服と障害職員の雇用

特に幼児小学生の利用においては、障害者職員の存在が大きな役割を占めていることが分かったが、点字ができる職員の存在と手話ができる職員の存在が、利用や利用登録者にどう影響しているかを調べてみた。

●表3－24　点字のできる職員のいる館いない館のサービス内容別貸出数

	いる館	時間タイトル	1館当たり	いない館	時間タイトル	1館当たり
対面朗読	54	18,306	339.0	148	23,650	159.8
一般図書郵送	2	168	84.0	9	181	20.1
視聴覚資料郵送	20	5,592	279.6	53	13,099	247.2
点字録音郵送	45	69,007	1533.5	99	49,937	504.4
その他の郵送	7	12,720	1817.1	10	7,806	780.6
宅配	12	3,179	264.9	43	5,558	129.3

● 表 3-25　点字のできる職員のいる館いない館の利用登録者

	いる館	利用者数	1館当たり	いない館	利用者数	1館当たり
対面朗読	54	2,344	43.4	150	2,841	18.9
一般図書郵送	5	113	22.6	11	71	6.5
視聴覚資料郵送	26	897	34.5	60	1,248	20.8
点字録音郵送	52	5,322	102.3	121	4,413	36.4
その他の郵送	6	704	117.3	12	361	30.1
宅配	13	95	7.3	67	403	6.0

（いる館の数値が貸出数と登録者数で違っているのは具体的な数値を記入した館が違うためである。また視聴覚資料の郵送に関して5,000の単位で誤記入があったため訂正してある。）

　上記の二つの表を見て明らかなのは点字のできる職員のいる館といない館ではサービスも利用登録者も数倍違ってくるという事実である。最も差がないのが視聴覚資料の郵送貸出になっているが、詳しく見ていくと、この内の多くが録音図書であると予測される。つまり、本来点字録音資料の郵送に記入するべきものがこちらに記入された可能性が強い。点字を知る職員のいない館では、その辺りの区別が付きにくかったのではないかと思われる。また宅配の利用登録者数もほとんど差がないが、宅配資料数で倍以上の格差が出ている。視覚障害者へのサービスを行う上では、いやが上にも点字の知識が求められるといって過言ではないだろう。従って今後の図書館員にとっては点字を修得することが必須の条件となるのではないか。

手話のできる職員と聴覚障害利用者の関係
　1次調査で聴覚障害の利用者がいると回答した図書館は649館あるが実際に人数を記入したのは374館で1,250人だった。これは1館当たり3.3人に当たる。
　利用者がいると答えた館の内、2次調査で手話のできる職員がいると回答した館は85館（手話のできる職員がいる館の合計は125館なので40館では手話のできる職員がいながら聴覚障害者の利用者がなかったことになる）

第3部　図書館利用に障害のある人々へのサービスの課題

その内、聴覚障害者の登録人数を記入した館は44館で214人なので1館当たり4.9人である。
　一方登録人数を記入した館で手話ができる職員がいない館は330館で1,036人なので1館当たり3.1名であった。
　従って点字と視覚障害者ほどではないが手話のできる職員がいた方が1館当たりの利用者は多くなっている。

●表3－26　障害を持つ職員と利用登録者（1次調査より）259館

	いる館	登録者数	1館当たり	いない館	登録者数	1館当たり
視覚障害者	102	6,442	63.2	430	8,394	19.5
聴覚障害者	48	247	5.1	326	1,003	3.1
肢体不自由者	100	898	9.0	540	2,778	5.1
内部障害者	25	87	3.5	85	305	3.6
知的障害者	34	158	4.6	284	1,981	7.0
入院患者	10	47	4.7	83	1,300	15.7
在宅療養者	18	57	3.2	93	319	3.4
施設入所者	16	72	4.5	101	2,530	25.0

　表のように障害を持つ職員のいる図書館といない図書館では、視覚、聴覚、肢体の3つの障害者で1館当たりの利用者がいない館よりも多くなっているが、それ以外の障害者では逆に減っている。しかし、視覚障害者では3.2倍にものぼり、いかに障害者職員の影響が強いかがわかる。視覚障害職員のいる21館の内視覚障害利用者のいる15館で見るとさらに次のような結果が出る。

　　視覚障害の職員がいて視覚障害者の登録がある館　　15館
　　その視覚障害登録者　　　　　　　　　　　　　　2,344人
　　1館当たりの登録者数　　　　　　　　　　　　　156.2

この数値は一つには比較的大規模図書館に視覚障害職員がいるという理由が大きいだろうが、それにしても、視覚障害者サービスにとって同じ視覚障害のある職員の存在がいかに大きいかということが分かる。
　また、肢体不自由者の職員がいて肢体不自由者の登録がある館60館の肢体不自由登録者は355人なので１館当たり 5.9人となりほとんど影響が見られない。その他の障害者についても同等か又は１館当たりの利用が少なくなっている。
　今後の大きな課題は障害職員が働くための執務環境やＯＡ機器の導入など働きやすい環境づくりとその果たすべき仕事内容を実践の中から明確にし充実させていくことであろう。
　いずれにしても、利用者とのコミュニケーションや障害職員の雇用という課題が利用者の利用しやすさと結びついていることが、ある程度確認されたと思われる。（山内）

3-2　資料

資料に関する今回の調査の数値は次の表3－27、3－28のようになる。
（1次調査問2より）

●表3－27

	貸出				所蔵				製作			
	タイトル		巻数・冊数		タイトル		巻数・冊数		タイトル		巻数・冊数	
	館数	タイトル数	館数	巻・冊	館数	タイトル数	館数	巻・冊	館数	タイトル数	館数	巻冊数
録音図書	259	157,713	332	869,267	399	152,994	498	662,494	162	5,853	173	35,021
録音雑誌	113	47,870	108	261,572	86	2,405	69	15,540	61	551	57	3,626
点字図書	138	6,969	195	27,692	359	69,285	500	287,145	62	1,232	68	5,127
点字雑誌	64	3,884	68	16,931	191	2,014	155	18,877	8	11	7	95
点字FD	5	73			19	815			9	262		
点字絵本	54	501	73	944	179	2,369	254	3,734	9	242	14	525
大活字本	113	14,664	358	126,604	599	134,423	1,317	467,958				
拡大写本	4	33	7	427	43	1,837	52	11,351	11	83	12	549
さわる絵本 布の絵本	25	989	43	6,097	160	2,660	218	4,741	26	234	44	867
字幕・手話入りビデオ	17	367	25	2,966	74	2,863	90	5,741	1	5	1	5

●表3－28

	館数	タイトル数	館数	巻数	館数	冊数
郵送貸出によって貸し出された資料	221	192,164	218	881,505	167	63,509
宅配で貸し出された資料	119	24,447	88	59,029	180	48,379
施設へ貸し出された資料	53	33,251	22	1,546	236	208,209
入院患者へ貸し出された資料	10	7,388	5	787	57	61,644
受刑者へ貸し出された資料	2	1,290	1	1	14	11,721

3-2-1　資料の貸出

　ほとんどの資料でタイトル数を記入した図書館よりも巻数・冊数で回答した館の方が多くなっているのは、タイトル数での統計を取っていない図書館があるためで、実質の貸出館数は巻・冊数を回答した館数と見てよいだろう。

　最も貸出が多かったのは、タイトル・巻数では録音図書で、館数では大活字本だった。録音図書を貸し出した332館は調査館全体の14.3％にあたる。大活字本は358館（15.4％）で貸し出されたことになっているが、大活字本の貸出統計を取っていない図書館が相当数あると見られるため、むしろ所蔵していると回答した1,317館で、貸し出されたとすれば、56.6％で利用があり、半数以上の図書館で利用されていることになる。

　施設、入院患者、受刑者へ貸し出された冊数はほとんど一般図書や大活字本であると見られる。また郵送・宅配された資料の冊数（112,888冊）の内、かりに点字図書と点字雑誌がすべて郵送で借りられたと仮定してその数を引くと68,265冊になり、数としてはかなりの数の一般図書が郵送・宅配で利用されたのではないかと思われる。

　所蔵巻・冊数に対する貸出率（蔵書回転率）を見てみると、録音雑誌が最も高く16.83回転にもなる。これは所蔵館86に対して貸出館113という数値を見ても分かるとおり、他館からの相互貸借による貸出が非常に多いことを物語っている。録音図書の回転率が1.31回であるので、その多さが分かるが、録音雑誌、点字雑誌に関しては統計上所蔵では年間を通して1タイトルとするが、貸出では月刊誌の場合には12回、週刊誌であれば50回の貸出とカウントするのが普通なので、こういう高い数値になったのだろう。

　録音図書に次いで多いのはさわる絵本・布の絵本で1.28回、点字雑誌が0.90回、字幕入りビデオが0.52回、大活字本は0.27回だが先のような事情があるので、正確な数値とはとても言い難い。

　残るのは点字関係資料と拡大写本となり点字絵本はそれでも0.25回だが、点字図書、点字資料ＦＤ、がそれぞれ0.10と0.09、拡大写本に至っては

0.04回と所蔵資料がほとんど生かされていない実態が現れている。所蔵館で貸出があった館が点字図書で39％、点字雑誌で36％、点字ＦＤで26％、点字絵本で29％、拡大写本で13％とこれらの資料を所蔵していながら生かし切れていない実態が明らかである。

●表３−29　２次調査問５による相互貸借の数値

	貸出 館数	貸出 タイトル数	借受 館数	借受 タイトル数	製作館数と貸出との％		貸出館数と借受との％	
録音図書	91	23,065	159	50,538	173	52.6	332	47.9
録音雑誌	26	3,280	69	17,974	61	42.6	113	61.1
点字図書	35	661	66	1,627	68	51.5	138	47.8
点字雑誌	5	117	10	208	8	62.5	68	14.7
点字ＦＤ	3	13	3	9	9	33.3	5	33.3
点字絵本	5	24	3	4	14	35.7	73	4.1
大活字本	8	485	5	739			358	
拡大写本	2	2	1	1	12	16.7	7	14.3
さわる絵本 布の絵本	6	94	5	104	44	13.6	43	11.6
字幕・手話入りビデオ	−	−	−	−	1		25	

（ただし、点字図書・点字雑誌については製作したものの相互貸借というより、購入したものの相互貸借が大きな割合を占めると思われる）

　相互貸借の貸出を行った館数は録音図書で製作館の約半数、借り受けた館も貸出館の約半数となっており、まだまだ相互貸借が活発に行われている状況とは言えない。

　借受と貸出館との関係で録音雑誌が高い数値を示しており、録音雑誌の借用による貸出の多さが分かる。一方点字絵本は貸出館の割に非常に低い数値を示しており、自前で作られていることが分かる。

3-2-2 資料の所蔵状況

　障害者用資料の内最も多く所蔵されているのは先にも見たように大活字本で対象館の6割近くが所蔵していることが分かった。次いで点字図書（21.5％）と録音図書（21.4％）がほぼ同数だが、点字図書は1館当たり574冊、録音図書は1館当たり1,330巻とタイトル数に換算してもかなりの数を持っていることになる。2次調査における所蔵館の平均タイトル数が点字図書で208.6タイトル、録音図書で392.5タイトルなので、点字図書は1タイトル当たり2.76冊、録音図書が3.39巻と一般のタイトル数と巻数・冊数の関係からいえば少ないといえ、比較的短い作品が多いのではないかと推測される。（この年の製作状況を見ると点字図書では1タイトル当たり3.79冊、録音図書では5.61巻になる）

　録音雑誌には「アエラ」、点字雑誌には「点字毎日」「点字ジャーナル」、点字絵本には「テルミ」が多く含まれるのではないかと思われる。さわる絵本・布の絵本、字幕・手話入りビデオなども製作館数が少ないにもかかわらず所蔵館数が多くなっているのは、寄贈されたものなのではないだろうか。また字幕・手話入りビデオの中に洋画の字幕入りビデオを含めた館がかなりあると思われる。

3-2-3 資料の製作状況

●表3-30　製作館数を増加館数（この数値は2次調査の問6による）の所蔵館、貸出館と比較した表、また貸出館を所蔵館で割った数値％並びに2次調査における増加タイトル数と1次調査の製作タイトル数

	製作館数	増加館数	その%	所蔵館数	その%	貸出館数	その%	貸出館/所蔵館	増加タイトル	製作館	製作タイトル	差引タイトル	増加の自館作成率
録音図書	173	216	80.1	498	34.7	332	52.1	66.7	8,631	162	5,853	2,778	67.8
録音雑誌	61	63	96.8	86	70.9	11	54.0	131.3	672	61	551	121	82.0
点字図書	68	207	32.9	500	13.6	195	34.9	39.0	2,232	62	1,232	1,000	55.2
点字雑誌	8	137	5.8	191	4.2	68	11.8	35.6	1,235	8	11	1,224	0.9

点字ＦＤ	9	16	56.3	19	47.4	5	180.0	26.3	461	9	262	199	56.8
点字絵本	14	115	12.2	254	5.5	73	19.2	28.7	222	9	242	−20	109.0
拡大写本	12	27	44.4	52	21.8	7	171.4	13.5		11	83	8	91.2
さわる絵本布の絵本	44	85	51.8	218	20.2	43	102.3	19.7	309	26	44	265	14.2
字幕・手話入りビデオ	1	59	1.7	90	1.1	25	4.0	27.8	1218	1	5	1213	0.4

　自館製作率の最も高いのは点字絵本だが、100％を越えてしまうので統計上の回答誤差であろう。次に拡大写本となっている。これらは購入が困難で相互貸借が少なく、絶対数も多くない。増加のうち製作館の割合が最も多いのは録音雑誌（増加率で96％、所蔵に対する率で71％）、次いで録音図書（増加率で80％、所蔵に対する率で34％）となっている。この二つは相互貸借の割合も高く、最も利用されている資料と言ってもよいだろう。一方最も低いのは字幕・手話入りビデオで制作しているのはわずかに１館に過ぎない。それに次いで点字雑誌そして点字絵本が自館製作率で低い値を示している。この三つは所蔵館数に比しても一割を割っている。（所蔵していても作製していない）

　貸出館数と製作館数との比較では、録音関係資料で貸出館の半数余りがやっと製作しているに過ぎず、点字ＦＤ、拡大写本、さわる絵本・布の絵本では製作館が貸出館を上回っている。（さわる絵本・布の絵本では統計を取っていない館のある可能性があるが）また、製作や所蔵がなくても貸し出している資料の代表が録音雑誌であるといえる。逆に所蔵しているのにほとんど借りられることがないのが拡大写本である。

　差し引きタイトル数は年間増加タイトル数を作成タイトル数で引いたものでその数が購入又は寄贈ということになろう。ただし点字絵本だけは増加冊数を製作冊数が上回ってしまう。

以下に資料を製作している図書館、または年間製作数の多い図書館を挙げておく。

● 表3-31　録音図書製作館年間製作タイトル30タイトル以上の館の年間増加と所蔵タイトルおよび音訳者

図書館名	製作T	増加T	所蔵T	音訳者個人	音訳者団体
名古屋市鶴舞中央図書館	352	352	2,013	71	
富山市立図書館	131	156	2,317		78
飯田市立中央図書館	130	130	1,503	73	73
四日市市立図書館	128	167	2,808		51
旭川市中央図書館	116	116	685		66
調布市立中央図書館	112	112	1,198	51	
多摩市立永山図書館	111	133	1,356	61	
吹田市立中央図書館	111	133	1,458		
総社市立図書館	100	100	433		
江東区立江東図書館	87	87	1,072	90	
横浜市中央図書館	82	570	6,849	37	
大牟田市立図書館	80	80	1,110		
横浜市戸塚図書館	77			9	
目黒区立目黒本町図書館	74	106	493	30	
板橋区立高島平図書館	67				13
宇都宮市立図書館	65	65	1,213	61	
甲西町立図書館（滋賀県）	65		不明	26	1
岡山市立中央図書館	57	57	1,826		64
東京都立中央図書館	52	60	2,600	125	
伊勢崎市立図書館	50	61	675	1	54
龍野市立図書館	48		551		
荒川区立南千住図書館	48	48	566	16	
東大阪市立花園図書館	46	46	不明		

豊島区立中央図書館	124	44	44	54	
日進市立図書館	43		91		
春日井市立図書館	42	42	42		76
姫路市立城内図書館	41	41	537		
愛知芸術文化センター愛知県立図書館	40	43	1,890	56	
東京都立多摩図書館	40	117	2,167	23	
荒尾市立図書館	39		418		
久留米市民図書館	38	48	1,908	50	
倉敷市立中央図書館	36	56	1,310		
上田市立図書館	36	47	389		37
埼玉県立久喜図書館	36	36	577	55	
今治市立図書館	36	36	500		
立川市中央図書館	36	40	581	32	
越谷市立図書館	35	35	850		
横浜市保土ヶ谷図書館	34		7		
大田区立下丸子図書館	31	34	762	20	
静岡市立中央図書館	31	31	224		
東久留米市立中央図書館	30	67	789	33	
大田区立大田図書館	30	30	271	18	

　録音図書作製館173館の内、年間30タイトル以上製作しているのは、上の42館である。このうち100タイトル以上製作している9館にはほぼ50人以上の音訳者が登録している。所蔵数についても1000タイトルを越えているところがほとんどである。

点字関係資料の製作館
●表3－32　点字図書年間製作5タイトル以上の館と年間増加、全蔵書、点訳者数

図書館名	製作T	増加T	所蔵T	点訳者個人	点訳者団体
名古屋市鶴舞中央図書館	182	182	5,444	149	
群馬県立図書館	47	113	3,757（冊）		
市立岩見沢図書館	41	46	1,287	13	13
宇都宮市立図書館	30	30	1,079	33	33
茨木市立中央図書館	29	32	846		51
四日市市立図書館	28	63	1,105		64
川口市立前川図書館	27	55	501	32	
高崎市立図書館	20	20	194		
沼津市立図書館	19	19	127		
町田市立中央図書館	17	70	820	38	
明石市立図書館	16	16	1,120		
倉敷市立中央図書館	16	16	1,075		
豊島区立中央図書館	16	118	2,872		52
久留米市民図書館	15	15	735	20	
大阪府立中央図書館	15	15	900		不明
東京都立多摩図書館	12	19	272	2	
田無市立谷戸図書館	11	11	94		30
江南市立図書館	10	10	187		
江戸川区立葛西図書館	10	10	83	0	70
浦安市立中央図書館	10	10	95	42	
大東市立図書館	9	9	70		
黒磯市図書館	9	1	249		
草津市立図書館	9	11	298		34
寝屋川市立中央図書館	9	15	571		15
国立市立くにたち中央図書館	8	8	218		28
中津川市立図書館	8	8	709		
江戸川区立小岩図書館	8	8	62		
長野市立長野図書館	7	7	67	21	
和泉市立図書館	7	12	449		9
品川区立品川図書館	6	10	198	26	

立川市中央図書館	6	7	772	21	
東京都立中央図書館	5	16	421	7	
日野市立中央図書館	5	49	79	8	

　点字図書を製作していると回答した68館の内、10タイトル以上製作した館は僅かに20館にとどまっている。その内、名古屋市鶴舞中央図書館が群を抜いており、点字図書館の年間受け入れ冊数の平均が76.7タイトルなので、それを凌いでいる。点訳者数でももっとも多い人数を抱えている。

同タイトル数未記入で冊数のみの記入館

　金光図書館（岡山県）200冊、伊丹市立図書館　98、各務原市立中央図書館　95、西脇市図書館　83、川口市立前川図書館　51、松山市立中央図書館　51、岩国市立中央図書館　35、福井県立図書館　30、可児市立図書館　5

点字雑誌の年間製作タイトル数

　点字雑誌を製作している館は僅かに8館に過ぎない。この辺りもまだまだ公共図書館では点字部門が弱いことを表していると言える。

　倉敷市立中央図書館　12タイトル、練馬区立光が丘図書館　12、名古屋市鶴舞中央図書館　12、墨田区立緑図書館　10、沼津市立図書館　2、佐賀市立図書館　1、目黒区立目黒本町図書館　1、石巻市立図書館　180（冊）

点字絵本の年間製作タイトル

●表3－33　点字絵本製作館

図書館名	製作T	冊数	増加T	冊数	所蔵T
大阪市立城東図書館	16		16		
西宮市立中央図書館	12	12	12		82
文京区立真砂図書館	10		10		60
つくば市立中央図書館	10		10		
斑鳩町立図書館（奈良県）	6		6		

三田市立図書館	3		3		5
西脇市立図書館	3		3		3
日進市立図書館	2		2		22冊
黒磯市立図書館	1		4		1
佐賀市立図書館		50		50	98
大阪府立中央図書館		4		4	291

　点字絵本の実際の年間製作館は11館しかない。**大阪府立中央図書館**は「わんぱく文庫」のもので、**名古屋市立鶴舞中央図書館**の所蔵数359タイトルに次ぐ、蔵書数である。

点字フロッピーの年間製作タイトル数

●表3-33　点字フロッピー製作館

図書館名	製作T	増加T	所蔵T	点訳者個人	点訳者団体
名古屋市鶴舞中央図書館	169	169	966	149	
四日市市立図書館	78	79	286		64
木更津市立図書館	42	42			35
茨木市立中央図書館	29				51
町田市立中央図書館	17	70	197	38	
豊島区立中央図書館	16		16		52
田無市立谷戸図書館	11	11	80		
浦安市立中央図書館	10	10	30	42	
群馬県立図書館	8	8	9		
多摩市立永山図書館	8	8	8		
立川市立中央図書館	6	6	16	21	
日野市立中央図書館	5	49		8	
新座市立中央図書館	4	4	10	9	
東京都立中央図書館	3	3	26	7	
墨田区立あずま図書館	1	1	2	70	

点字フロッピー資料を製作したのは以上の15館で、やはり名古屋市鶴舞中央図書館が多い。今後パソコン点訳の普及、さらに著作権法の改正による、点字データの送信が可能になったことにより、急速に増えるものと思われる。

拡大写本の製作館

●表3－35　拡大写本製作館

図書館名	製作T	冊数	所蔵T	所蔵冊	製作者個人	製作者団体
ふきのとう子ども図書館（北海道）		276		1,560		
墨田区立あずま図書館	16	66	401	1,615	41	2
掛川市立図書館	18	51	25	65		
沼津市立図書館	9	37	33	170		54
浦安市立中央図書館	3	32	38	198	23	
川崎市立宮前図書館	28	28	80	312		
妻沼町立図書館（埼玉県）	2	19		19		
石巻市図書館		24			144	
越谷市立図書館	2	14	44	154		
大田区立下丸子図書館	1	11	128	741	24	
横浜市中央図書館	1	10	39	194	10	
松山市立中央図書館	1	3	31	46		
品川区立品川図書館	2	2	82	82	55	

なお、2次調査問15-2プライベート製作の中で拡大写本のプライベートサービスを実施している館が以下の6館あるが、個々に対応した写本が求められる拡大写本サービスでは、貴重な実践である。（いずれもページ数で『東京の障害者サービス』による確認をおこなった）

> 大田区下丸子図書館　15,794、墨田区立緑図書館　6,776、墨田区立あずま図書館　1,170、目黒区立目黒本町図書館　253、江東区亀戸図書館　60、日野市立図書館　15

また20冊以上の蔵書がある図書館は次の32館である。（タイトル数の記

入のない図書館が6館、冊数の記入のない図書館が1館あった）拡大写本は絶対数も少なく、製作館も僅かしかないので、現にある資料を極力生かしていく必要があるだろう。

> 墨田区立あずま図書館　1,615冊（401タイトル）、ふきのとう子ども図書館（北海道）1,560、杉並区立中央図書館　1,184、大田区立下丸子図書館　741（128）、東京都立中央図書館　525（65）、札幌市中央図書館　510、熊谷市立図書館　497（62）、川崎市立宮前図書館　312（80）、札幌市西岡図書館　309（84）、鳥取市民図書館　252（47）、浦安市立中央図書館　198（38）、横浜市中央図書館　194（39）、伊勢原市立図書館　194（50）、札幌市曙図書館　184（65）、仙台市宮城野図書館　184（23）、沼津市立図書館　170（33）、越谷市立図書館　154（44）、江戸川区立篠崎図書館　112（17）、小千谷市立図書館　100（30）、下諏訪町立図書館（長野県）96、野田市立興風図書館　88（77）、品川区立品川図書館　82（82）、山形市立図書館　74、栗東町立図書館（滋賀県）73、小平市中央図書館　69（64）、掛川市立図書館　65（25）、勝浦市立図書館　54（13）、流山市立中央図書館　50（12）、松山市立中央図書館　46（31）、川崎市立麻生図書館　（42）、日野市立中央図書館　30（15）、坂戸市立中央図書館　24（8）

さわる絵本・布の絵本の年間製作タイトル数

●表3-36　さわる絵本・布の絵本製作館

図書館名	製作T	冊数	蔵書T	製作者個人	製作者団体
福島市立図書館	30	30			
品川区立品川図書館	20	20	442	55	
練馬区立光が丘図書館	13	13	54		23
川崎市立宮前図書館	12	12	88		54
芽室町図書館（北海道）	10	10			
目黒区立目黒本町図書館	8	8	105	10	10
新宮町立図書館（福岡県）	5	5	5		
岡垣サンリーアイ図書館（福岡県）	5	5			
練馬区立小竹図書館	5	5	50		

別海町図書館（北海道）	5	5	23		
浦安市立中央図書館	5	5	65	21	
志免町立町民図書館（福岡県）	4	4			
天童市立図書館	3	10	10		
厚木市立中央図書館	3	3	40		
静内町図書館（北海道）	3	3			10
練馬区平和台図書館	3	3	21		21
小平市中央図書館	2	2		17	17
春日部市立中央図書館	2	2	7	1	10
大熊町図書館（福島県）	2		2		
池田市立図書館	2	2	18		
藤井寺市立図書館	2		2		10
練馬区立貫井図書館	2	2	42		
浦河町立図書館（北海道）	2	2			
友部町立図書館（茨城県）	2	2			
角田市図書館	2		3		
大阪市立福島図書館	2	2	15		
穂別町立図書館（北海道）	2	2	14		
三春町民図書館（福島県）	1	1			
練馬区立石神井図書館	1	1	12		
上峰町図書館（佐賀県）	1				
上山市立図書館	1	1	10		
東神楽町図書館（北海道）	1	2	2		

　さわる絵本・布の絵本では製作館数に比べて製作者のいる館が少ないが、地域のグループの寄贈を受け入れているとことが、多いのではないかと思われる。

　なお、さわる絵本・布の絵本の所蔵タイトル20タイトル以上の館は次の通りである。

品川区立品川図書館　442、目黒区立目黒本町図書館　105、川崎市立宮前図書館　88、立川市中央図書館　77、浦安市立中央図書館　65、練馬区立光が丘図書館　54、練馬区立小竹図書館　50、札幌市西岡図書館　49、佐世保市立図書館　45、練馬区立貫井図書館　42、厚木市立中央図書館　40、香川県立図書館　25、大分県立図書館　24、別海町図書館（北海道）　23、倉敷市立児島図書館　23、伊達市立図書館　23、練馬区立平和台図書館　21、郡山市立希望ヶ丘図書館　21

　また、タイトル数は未記入で、冊数で20冊を越える図書館は、以下の5館である。

　調布市立中央図書館　93、大阪市立中央図書館　71、茅ヶ崎市立図書館　38、砂川市図書館　30、府中市立図書館　20

3-2-4　資料の製作者

●表3-37　資料の製作者と作製資料

	個人登録		団体登録		合計		資料製作館数	1館当の人数	'98製作T	1人当製作T
	館数	人数	館数	人数	館数計	人数計				
音訳者	73	2,311	58	2,018	131	4,329	173	25.0	6,404*	1.48
点訳者	26	661	29	818	55	1,479	68	21.8	1,243*	0.84
拡大写本製作者	7	188	3	41	10	229	12	19.1	83	0.36
さわる絵本製作者	3	98	3	31	6	129	44	6.0	44	0.17
布の絵本製作者	3	32	7	101	10	133				
計	112	3,290	100	3,009	212	6,299			7,774	0.81

(*98年度製作数の音訳者の欄は録音図書と録音雑誌の製作タイトル数を足したもの、点訳者の欄は点字図書と点字雑誌の製作タイトルを足したもの)

　資料を製作している図書館の数と資料製作に携わる製作者のいる図書館の数を比較するといずれも製作者のいる館数が下回っている。外部のボランティア・グループなどに依頼しているという館が58館あり、総計の3分の1の館では登録という形式を採っていない。従って図書館と何らかの関わりを持つ製作者の数は相当数存在するのではないかと思われる。

また、年間製作タイトルと登録者の関係をみると、年間一人当たり音訳関係でやっと1.48タイトル、拡大写本さわる絵本・布の絵本では非常にわずかで、登録している人たちを活用できていない実態が分かる。

　なお、職員が製作に携わっているという館が24館あったが、恐らくその数はわずかな人数であろう。

3-2-5　今後の課題

　1）障害者サービスにおける資料の大半を占めているのは録音資料（録音図書・録音雑誌）で、しかもその大半が郵送で貸し出されているというのが現在の障害者サービスの状況である。例えば拡大写本やさわる絵本・布の絵本、字幕・手話入りビデオなどは公共図書館の資料として未だに市民権を得ておらず、これらの資料の普及と製作に努めなければならないだろう。今回の調査ではどんな利用者が、どんな資料を借りたかということは分からないが、今後施設への貸出や病院への貸出などが増えてくれば、一般資料がどのように利用されたかということも調査する必要があるように思う。大活字本を一般の人が借りていった場合にはその数を把握する必要は余りないかもしれないが、高齢者施設などで一般の本に比べてどのくらい借りられたかというようなことは把握しておきたい。

　2）録音資料や点訳資料、拡大写本などのように、必然的に原本1冊が数巻、数冊になってしまう資料の場合にはタイトル数（原本の数）を基準に統計を取るべきではないか。今後はデイジーやフロッピーなど容量の大きい媒体の資料も増えてくるので、本に換算するとどのくらい借りられたのかということを把握する必要があろう。

　3）数多くの資料製作者が障害者サービスにかかわっているにもかかわらず、それらの人たちの力を活かしきれていないのが現状である。製作に関する協力体制や横のつながりを考えていかなければならないのではないか。

　4）今後デイジー録音図書などが音声資料の主流となっていったときに、

果たして現状のようにそれぞれの図書館が資料の作製に関わるという方向が維持できるのかどうか非常に疑問である。（有）音訳サービスJやオフィス・コアなどの製作会社に製作を依頼するなどという方向も考えていくべきではないだろうか。

　5）それにしても、おびただしく刊行される墨字図書の新刊をすべて即音声資料に変換するということは事実上不可能である。公立図書館のまず優先されるべき使命は何といっても「資料利用の障害者」に対して、どんな資料が新刊として刊行されているのかという情報を広く知らせることであろう。（少なくとも自館で購入した新刊の情報を知らせることは、障害者サービスのもっとも基本的なサービスであるといわねばならない）

　6）その上で、全国の公立図書館、点字図書館が協力して製作能力を上げていく努力をしなければならないだろう。全国85の点字図書館がフルに製作したとしても、録音図書で1万、点字図書で6千タイトルしか製作できない現状（『日本の点字図書館16』全国視覚障害者情報提供施設協会発行　1999年による）では、より多くの公立図書館が当分の間点字図書館などと協力体制を作って製作を続けていかなければ、利用者の資料要求には到底応えていけない。（しかも点字図書館での製作の数値は重複製作を含んだものなので実際の製作タイトル数は7割程度になると思われる）

　7）さらに、点字図書館などではほとんど作製されていない資料、例えば拡大写本、さわる絵本、布の絵本、聴覚障害者のための字幕・手話入りビデオ等については、資料の製作はもとより、その資料の活用方法や資料研究を公立図書館が先導を切って検討して行かなくてはならないのではないか。（山内）

3-3 サービスの現状

3-3-1 サービスの内容と量

　ここでは、対面朗読、郵送貸出、宅配、施設への貸出、入院患者サービス、受刑者、その他の各項目について、調査の結果を集計した。

●表3－38　サービス別実施状況（1次問1）回答館数　2,326

	実施館	実施率	実実施館	実実施率
対面朗読	487	20.9％	223	9.6％
郵送貸出	587	25.2％	221	9.5％
宅配	421	18.1％	180	7.7％
施設への貸出	476	20.5％	236	10.1％
入院患者サービス	113	4.9％	57	2.5％
受刑者へのサービス	30	1.3％	14	0.6％
その他	80	3.4％		

・実施館は実施に○をつけた館数。実実施館は貸出実績が1以上の館数
・対面朗読は時間数を記入した館数
・1次調査のサービス別貸出数はp72、表3-28。

●表3－39　貸出数（2次）回答館数　1,146

	貸出数	登録者数	登録者1人当り貸出数	貸出総計に対する割合	登録者総数に対する割合
郵送貸出合計	188,567	19,586	9.6	41％	57％
宅配貸出合計	38,008	2,338	16.3	8％	7％
施設貸出合計	173,007	9,825	17.6	38％	28％
入院患者サービス	52,079	2,588	20.1	11％	7％
受刑者	8,017	232	34.6	2％	1％
合計	459,678	34,569	13.3	100％	100％

　サービス項目別の貸出数と登録者数は、郵送貸出が一番多く、ついで施

設貸出で、この2つで貸出量の79％、登録者数の85％をしめている。

●表3－40　過去の全国調査との比較

		1976年	1981年	1989年	1998年
対面朗読	実施館数	10	85	133	487
	実施率	1.0％	6.2％	10.7％	20.9％
郵送貸出	実施館数	34	165	393	587
	実施率	3.2％	12.1％	31.6％	25.2％
宅配	実施館数	25	88	178	421
	実施率	2.4％	6.5％	14.3％	18.1％
施設貸出	実施館数			117	476
	実施率			9.4％	20.5％

　過去の調査結果と比較すると、1998年には対面朗読、郵送貸出、宅配、施設貸出の実施館はいずれも400館を越えており、この10年間で目覚しい増加を記録している。

　しかし、入院患者サービス、受刑者へのサービスが大変遅れていることを見過ごしてはならない。

●表3－41　利用登録者数の対象別（2次問3）

	肢体	視覚	聴覚	内部	高齢者	その他	合計
対面朗読	52	5,185	1,206	3	74	5	7,107
一般図書郵送	538	184	2	61	8	17	1,164
視聴覚資料郵送	195	7,825	134	34	0	1	7,917
点字録音資料郵送	179	9,735	683	26	6	14	10,150
その他の資料郵送	1	1,065	1	19	11	3	355
宅配	692	498	3	29	228	65	2,762
登録者数合計（延べ）	1,657	24,492	2,029	172	327	105	29,455

（注）各対象別合計と表右合計欄の数値は一致しない。対象別と合計の各一方のみの回答があったためである。表3－44、45も同様である。

3-3-2　対面朗読サービス

●表３－42　1989年と1998年との比較（都道府県別(1次調査)）

	1989					1998　合計					音訳者数		内都府県立		
	館数	利用者数	時間数	実施館数	朗読者数	館数	利用登録者数	利用者数	時間数	実施館数	個人	団体	館数	利用登録者数	利用登録者数	利用登録者数
北海道	2	89	308	2	40	3	17	181	608	3	0	12				
青森						3	1	39	117	1	0	0				
岩手						2	4	2	9	2	9	2				
宮城						6	0	0	0	0	0	0				
秋田	1	219			7	1	5	0	0	0	0	0				
山形	1	1010	124	1	20	2	0	0	0	0	0	0				
福島	3	134	82	2	14	5	15	112	302	3	0	58	1	4	73	146
茨城	1	1				12	3	477	977	3	38	1				
栃木	3	5	62	2	27	5	31	62	154	3	62	0				
群馬	1	1	120	1	16	2	1	0	5	1	162	2	1			
埼玉	11	674	3360	10	295	33	929	1214	3172	19	306	112	2	495	174	619
千葉	5	154	876	5	70	17	62	330	570	11	135	69	2	16	105	209
東京	49	2626	10705	49	1028	128	2706	6974	16674	75	1271	647	2	438	564	2832
神奈川	8	233	1193	11	119	27	609	971	2375	18	104	0	1	2	7	14
新潟	2	8	18	2	16	7	0	0	0	0	0	0				
富山	1	2	4	1	14	1	14	0	0	0	0	0				
石川						1	0	10	20	1	11	0				
福井					2	4	0	0	0	0	0	0	1			
山梨	1	18	36	1	30	6	2	0	0	0	0	10				
長野						12	45	148	855	5	135	102				
岐阜	2	109	220	2	16	7	79	165	332	3	48	50	1	70	97	196
静岡	3	45	472	3	26	13	113	255	525	8	39	43				
愛知	4	135	156	3	28	14	701	610	1828	11	56	145	1	15	174	486
三重						7	1	1	2	1	0	50	1			
滋賀	2	7	22	2	38	12	17	1	216	2	64	106	1			
京都	5	91	192	5	45	14	42	173	488	5	0	0				
大阪	16	1554	3300	14	305	42	280	2245	7841	26	113	336	1	22	155	3241
兵庫	3	205	410	3	20	15	141	405	771	9	0	70				
奈良	1	8	16	1		10	3	90	102	1	0	0				
和歌山						4	0	0	0	0	15	0	2			
鳥取						1	0	6	12	1	0	0	1		6	12
島根						1	0	0	0	0	0	0				
岡山					1	4	5	164	410	1	1	1				
広島	3	90	256	3	166	18	15	134	156	6	0	0	1			
山口						4	51	0	0	0	0	0				
徳島						6	2	12	24	1	0	0	1		12	24

香川						4	4	32	61	2	0	0	1		1	30
愛媛						1	0	0	0	0	0	10				
高知	1	82	691	1	30	1	4	37	294	1	0	0	1	4	37	294
福岡	3	22	14	2	13	16	191	2	133	3	42	74	1			
佐賀						4	0	21	0	1	0	0				
長崎	1	2	2	1		0	0	0	0	0	0	0				
熊本						1	0	0	0	0	1	0				
大分						3	1	9	0	1	0	0	1			
宮崎						1	0	0	0	0	0	0				
鹿児島						4	0	1	50	1	0	0				
沖縄						3	0	0	0	0	0	5	1			
	133	752	22639	127	2386	487	6094	14883	39083	229	2612	1905	25	1066	1405	8103

　総時間数は22,639から39,083時間、1.7倍に増加したが、全国的には未実施県が多い。県立が未実施の県では、県の合計が実績なしという結果が目立っている。

●表3－43　自治体別実施状況

対面朗読サービス	実施館（A）	実績館（B）	実績無し・不明（C）	（B）／（A）
市　立	195	124	71	64％
区　立	72	53	19	74％
町村立	61	15	46	25％
指定都市立	42	30	12	71％
都道府県立	22	15	7	68％
合　計	392	237	155	60％

実施館で実績がないことが問題なのである。

●表3－44　対面朗読利用実績館数とその対象者

	肢体	視覚	聴覚	内部	高齢者	その他	合計
市　立	1	99	3	1	1	2	94
区　立	0	49	1	0	1	0	48
町村立	0	10	0	0	4	1	11
指定都市立	0	29	0	0	0	0	25
都道府県立	0	15	0	0	0	0	14
合　計	1	202	4	1	6	3	192

●表3-45 対面朗読利用実績時間数とその対象者

	肢体	視覚	聴覚	内部	高齢者	その他	合計
市　立	170	22,494	207	16	46	10	26,874
区　立	0	5,926	210	0	10	0	6,826
町村立	0	139	0	0	50	40	169
指定都市立	0	5,291	0	0	0	0	4,388
都道府県立	0	8,106	0	0	0	0	7,812
合　計	170	41,956	417	16	106	50	46,069

　対面朗読の利用者は圧倒的に視覚障害者である。（46ページ参照）
　墨字資料をそのままでは利用できない人は視覚障害者に限らない。すでにさまざまな利用者に対して実践している館もごくわずかではあるが、存在する。

●表3-46 視覚障害者以外への対面朗読実施館

実施館		時間数	利用登録者数
肢体	日立市立記念図書館	170	50
肢体	板橋区立氷川図書館	76	1
肢体	墨田区立緑図書館	不明	1
聴覚	門真市立図書館	192	3
聴覚	市川市行徳図書館	12	3
聴覚	盛岡市都南図書館	3	登録者数無記入
聴覚	世田谷区立下馬図書館	210	視覚の誤記入か？
内部	立川市立中央図書館	16	1
高齢者	半田市立図書館	46	登録者数無記入
高齢者	足立区立花畑図書館	10	67
高齢者	南関町立図書館（熊本県）	10	不明
高齢者	南箕輪村図書館（長野県）	3	登録者数無記入
高齢者	かんなべ町立図書館（広島県）	2	1
高齢者	双葉町立図書館（山梨県）	35	登録者数無記入
その他	立川市立中央図書館	2	1
その他	弘前市立図書館	8	3
その他	犀川町図書館（福岡県）	40	登録者数無記入

自治体内の合計が500時間以上

吹田市　730時間（登録者数7人）、枚方市　664時間（10人）、横浜市　1,113時間（618人）、川崎市　656時間（20人）、名古屋市　1,169時間（178人）、江東区　801時間（16人）、大田区　674時間（14人）、板橋区　905時間（16人）、練馬区　569時間（201人）

●表3－47　実施時間別にみた対面朗読を行う人

	1．職員		2．登録朗読・音訳者		3．外部ボランティア		4．その他		合計館数（実数）
1000時間	2	40%	4	80%	1	20%	0	0%	5
500～999時間	3	23%	11	85%	2	15%	0	0%	13
250～499時間	3	14%	19	86%	1	5%	0	0%	22
100～249時間	13	29%	28	62%	16	36%	0	0%	45
1～99時間	27	25%	56	52%	39	36%	3	3%	107
0（実績なし）不明	65	34%	80	42%	64	34%	14	7%	190

（注）重複回答のため、館数は100％を越える。

●表3－48　同利用制限

	1 制限なし	2 時間	3 回数	4 資料	5 曜日	6 その他	合計館数
1000時間以上	1	2	0	1	1	0	5
500～999時間	4	6	0	4	4	2	13
250～499時間	6	16	1	3	5	3	22
100～249時間	6	31	4	10	12	4	45
1～99時間	26	64	4	23	24	11	107
0（実績なし）不明	72	85	7	21	32	20	188

（注）重複回答のため、各項目合計と右合計欄数値は一致しない。

　利用制限は無い方がよいと思うが、一定の制約の中でも利用時間が長い場合もある。制限は無くても利用のない館が72館もあり、利用促進のために何が必要か考えさせられる事例である。
　利用実績の多い館は複数の職員を配置している。時間数が短い、あるい

は実績がない館は担当者数無記入や 1 人のケースが非常に多い。

●表 3 − 49　障害者サービス担当職員がいる館

職員数	合計館数	無記入	1人	2人	3人	4人	5人	6人	7人	9人	10人以上
専任のみ	17		12	3	2						
専任＆兼務	18			8	4	3	1	0	1	0	1
兼任のみ	133	5	60	43	11	7	2	1		1	3

●表 3 − 50　担当者有りの館

実施時間数	無記入	1人	2人	3人	4人	5人	6人	7人	9人	10人以上
1000時間以上					1＊1					
500〜999時間		＊2	＊3	1＊1				1		
250〜499時間		＊1	＊4		1					1
100〜249時間		＊6	1①＊5	3①＊3	＊2	1				
1〜99時間	＊1	⑧＊16	4②＊12	＊1	＊2	＊1				＊1
0（実績なし）不明	＊4	④＊35	3＊18	① ＊6	1＊2	＊1			＊1	＊2

凡例　1、2、3…は専任＆兼務館の館数　①、②…は専任のみの館数　＊1、＊2…兼務のみの館数

●表 3 − 51　対面朗読室との関係

		市立				区立				町村立				県立				合計館数
		実施館数	利用登録者数	年間利用者数	年間利用時間	実施館数	利用登録者数	年間利用者数	年間利用時間	実施館数	利用登録者数	年間利用者数	年間利用時間	実施館数	利用登録者数	年間利用者数	年間利用時間	
朗読室なし		57	304	1276	2272	23	96	191	376	29	24	78	55	3		1	30	112
	1館当り		8.7	49.1	81.1		9.6	19.1	37.6		2.7	8.7	6.1		1.0	30.0		
朗読室あり		169	1428	6378	15359	74	1809	3182	7743	62	24	18	112	22	1066	1404	8073	327
	1館当り		16.2	72.5	174.5		41.1	67.7	161.3		2.2	3.0	18.9		96.9	100.3	576.6	
	未実施	92				16				51				4				163
合計		318				113				142				29				602

1館当たり平均は登録者数、利用者数、時間数の合計を、各項目の回答館数で割った数値

対面朗読室はあるがサービスを実施していない館が163（27％）もある。積極的な活用を期待する。一方、対面朗読室はないがサービスを実施している館は112館19％である。

実施館のうち、サービス実績のある館について、1館当たりの実績は対面朗読室のある館の方がない場合よりは高い数値である。施設設備の整備の必要性は明白であるが、充分ではなくてもサービスを行なうことができることもこれらのデータは示している。

当面の課題は利用対象者の幅を広げることであり、対面朗読という名称も、対面による文字情報の音訳という幅広いサービス内容にふさわしい表現を検討し、利用促進を図ることである。（第4部参照）

3-3-3　郵送貸出

郵送貸出の実施館は2次調査で449館であった。

資料別の実施館は表3－52のとおりである。貸出資料は1種類だけではないので、資料別実施館数合計は100％を超える。一般図書の貸出館数は54％とかろうじて半数を越えるが、一番たくさんある図書資料の活用は今後の課題である。

郵送貸出に限らず、障害者サービスの対象が視覚障害者に限定されている場合が多く、対象の拡大も大きな課題である。

●表3－52　郵送貸出資料別実施館数

	実施館（A）	実績館（B）	実績なし・不明	（A）／（B）
一般図書	242	71	171	29％
視聴覚資料	226	96	130	42％
点字録音資料	316	174	142	55％
その他の資料	99	24	75	24％

（注）重複回答のため、合計は100％を超える

●表3－53　郵送貸出資料別、対象別、実績館数の内訳

	肢体	視覚	聴覚	内部	高齢者	その他	合計
一般図書	27	11	0	4	4	3	71
視聴覚資料	5	73	3	0	0	1	96
点字録音資料	3	144	1	0	1	3	174
その他の資料	1	17	0	0	1	1	24

　実施館数、貸出タイトル数ともに、各障害別実施数の合計は右はし合計欄の値と一致しない。その理由は、各障害別の実績を記入せずに合計欄のみ記入した館があるため。

●表3－54　郵送貸出タイトル数、資料別、対象別内訳

	肢体	視覚	聴覚	内部	高齢者	その他	合計
一般図書	2,981	349	0	325	10	91	10,881
視聴覚資料	334	18,691	376	0	0	14	28,994
点字録音資料	24	118,944	121	0	1	1,260	128,052
その他の資料	1	20,526	0	0	9	16	20,640
郵送貸出合計	3,340	158,510	497	325	20	1,381	188,567

●表3－55　郵送貸出登録者1人当たり貸出タイトル数（対象別）

	肢体	視覚	聴覚	内部	高齢者	その他	合計
一般図書郵送	5.5	1.9	0.0	5.3	1.3	5.4	9.3
視聴覚資料郵送	1.7	2.4	2.8	0.0	0.0	14.0	3.7
点字録音資料郵送	0.1	12.2	0.2	0.0	0.2	90.0	12.6
その他の資料郵送	1.0	19.3	0.0	0.0	0.8	5.3	58.1

　郵送が視覚障害者にかたよるのは、点字録音図書は郵送料が無料であるが、心身障害者用書籍小包は通常の郵便料金の半額という制度も原因のひとつと考えられる。郵送貸出のための郵便料金の予算化を定着させることが課題である。

●表3-56　郵送貸出の自治体別サービス量

	実施館（A）	実績館（B）	回答館数（C）	(B)/(A)	(B)/(C)
市立	257	153	520	60%	29%
区立	43	36	101	84%	36%
町村立	83	23	400	28%	6%
指定都市立	40	22	84	55%	26%
都道府県立	26	16	41	62%	39%
合計	449	250	1146	56%	22%

●表3-57　郵送貸出自治体別、資料別実施状況

| | 一般図書 || 視聴覚資料 || 点字録音資料 || その他資料 ||
	実施館	実績館	実施館	実績館	実施館	実績館	実施館	実績館
市立	111	36	122	52	205	120	42	13
区立	9	4	30	23	34	26	11	5
町村立	22	4	45	8	39	10	28	3
指定都市立	83	19	16	8	22	7	16	2
都道府県立	17	8	13	5	16	11	2	1
合計	242	71	226	96	316	174	99	24

　都道府県立図書館の実績館が少ないが、県下のサービス促進のためにも積極的な取り組みが必要である。

● 表3-58　郵送貸出の実績館（資料別・対象者別）

<肢体障害者>

一般図書		視聴覚資料		点字録音資料		その他の資料	
実績図書館	タイトル数	実績図書館	タイトル数	実績図書館	タイトル数	実績図書館	タイトル数
名古屋市鶴舞中央図書館	1,139	名古屋市鶴舞中央図書館	238	三田市立図書館	5	桶川市立図書館	1
富山市立図書館	442	成東町図書館（千葉県）	58	小平市中央図書館	3		
名古屋市中村図書館	331	半田市立図書館	16	吹田市立中央図書館	16		
津市図書館	197	葛飾区立お花茶屋図書館	11				
大阪府立中央図書館	109	名古屋市瑞穂図書館	11				
名古屋市瑞穂図書館	102						

<視覚障害者>

一般図書		視聴覚資料		点字録音資料		その他の資料	
実績図書館	タイトル数	実績図書館	タイトル数	実績図書館	タイトル数	実績図書館	タイトル数
大阪府立中央図書館	166	伊丹市立図書館	5,395	埼玉県川越図書館	9,302	いわき市立中央図書館	6,468
那覇市立中央図書館	100	鹿児島市立図書館	2,783	横浜市中央図書館	9,283	大牟田市立図書館	6,185
川崎市立麻生図書館	21	調布市立中央図書館	2,660	市立函館図書館第1分館	7,366	名古屋市鶴舞中央図書館	5,979
小平市中央図書館	14	宇都宮市立図書館	2,306	豊島区立中央図書館	6,912	弘前市立図書館	1,081
丸亀市立図書館	14	磐田市立図書館	1,167	江東区立江東図書館	4,494	江東区立城東図書館	280
刈谷市中央図書館	14	練馬区立練馬図書館	1,153	八王子市中央図書館	4,415	岐阜県図書館	241

一般図書		視聴覚資料		点字録音資料		その他の資料	
酒田市中央図書館	8	練馬区立平和台図書館	1,067	尼崎市立北図書館	4,212	酒田市立中央図書館	122
豊明市立図書館	6	上田市立図書館	1,051	立川市中央図書館	3,783	北島町立図書館・創世ホール（徳島県）	94
宝塚市立中央図書館	3	長野市立長野図書館	914	国立市立くにたち中央図書	3,476	品川区立品川図書館	26
町田市立中央図書館	2	大田区立馬込図書館	852	広島市立中央図書館	2,976	大阪市立福島図書館	15
はつかいち市民図書館	1	練馬区立石神井図書館	821	練馬区立光が丘図書館	2,798	静岡市立西奈図書館	12
		大田区立大森南図書館	816	杉並区立中央図書館	2,730	黒瀬町立図書館（広島県）	12
		宝塚市立中央図書館	427	厚木市立中央図書館	2,470	浦添市立図書館	4
		東大和市立中央図書館	414	旭川市中央図書館	2,301	墨田区立緑図書館	3
		新宿区立戸山図書館	318	富山市立図書館	2,252	香芝市民図書館	2
		大津市立図書館	312	岡山市立中央図書館	2,230	諏訪市図書館	1
		江戸川区立葛西図書館	266	墨田区立あずま図書館	2,152	大田区立下丸子図書館	1
		岐阜県図書館	254	東京都多摩図書館	2,123		
		練馬区立光が丘図書館	221	吹田市立中央図書館	2,110		
		稲城市立図書館	210	新宿区立戸山図書館	2,097		
		下諏訪町立図書館（長野県）	202	品川区立品川図書館	2,056		
				枚方市立枚方図書館	2,053		
				練馬区立平和台図書館	2,031		
				町田市立中央図書館	2,024		

<内部障害者>

一般図書	
実績図書館	タイトル数
名古屋市南図書館	250
名古屋市瑞穂図書館	40
三重県立図書館	25
名古屋市天白図書館	10

<高齢者>

一般図書		点字録音資料		その他の資料	
実績図書館	タイトル数	実績図書館	タイトル数	実績図書館	タイトル数
篠山町立本郷図書館（兵庫県）	5	小平市中央図書館	1	日野町図書館（鳥取県）	9
諏訪市図書館	3				
小平市中央図書館	1				
甲田町立図書館（広島県）	1				

<その他>

一般図書		視聴覚資料		点字録音資料		その他の資料	
実績図書館	タイトル数	実績図書館	タイトル数	実績図書館	タイトル数	実績図書館	タイトル数
岡崎市立図書館	81	岡崎市立図書館	14	大田区立蒲田駅前図書館	822	北島町立図書館・創世ホール（徳島県）	16
新見市立図書館	8			岡崎市立図書館	436		
熊本県立図書館	2			府中市立中央図書館	2		

3-3-4　宅配サービスの実施状況

　1次調査に回答した2,326館のうち、宅配を実施しているのは421館で実施率は18％である。そのうち、登録者のいる館は260館あり、119館が貸出タイトル数を回答し、88館が貸出巻数を、180館が冊数を回答している。実績として回答館数の最も多いのが登録者の回答館であるが、それも260館に止まっている。

●表3-59　宅配実施状況（2次問1貸出実績）

	実施館(A)	実施館(B)	実績なし・不明	(B)／(A)	回答館(C)	実実施率(B)／(C)
市立	105	68	37	65％	520	13％
区立	55	43	12	78％	101	43％
町村立	61	25	36	41％	400	6％
指定都市立	5	2	3	40％	84	2％
都道府県立	3	1	2	33％	41	2％
合計	229	139	90	61％	1146	12％

●表3-60　宅配の対象者別利用登録者数（2次問3）

	肢体	視覚	聴覚	内部	高齢者	その他	合計
市立	156	285	1	14	38	36	709
区立	176	125	1	10	156	24	1,536
町村立	347	81	1	0	34	5	492
指定都市立	13	3	0	5	0	0	21
都道府県立	0	4	0	0	0	0	4
合計	692	498	3	29	228	65	2,762

（注）対象者別と合計とのいずれか一方のみ回答した館があるため、各対象者別合計と右合計欄の数値は一致しない。

●表3-61　宅配の対象者別実施館数

	肢体	視覚	聴覚	内部	高齢者	その他	合計
市立	20	26	2	4	7	2	68
区立	25	19	1	4	5	2	43
町村立	7	8	1	0	7	1	25
指定都市立	1	1	0	1	0	0	2
都道府県立	0	1	0	0	0	0	1
合計	53	55	4	9	19	5	139

●表3-62　宅配貸出タイトル数

	肢体	視覚	聴覚	内部	高齢者	その他	合計
市立	3,589	4,072	17	126	893	211	23,264
区立	3,064	4,066	11	409	1,352	33	11,794
町村立	1,370	558	24	0	1,265	1	3,988
指定都市立	4	2	0	324	0	0	330
都道府県立	0	39	0	0	0	0	39
合計	8,027	8,737	52	859	3,510	245	39,415

高齢者へのサービスが少ない中で、町村立の貸出実績が特筆に価する。

●表3-63　宅配1人当たり平均貸出タイトル数

	肢体	視覚	聴覚	内部	高齢者	その他	合計
市立	23.0	14.3	17.0	9.0	23.5	5.9	32.8
区立	17.4	32.5	11.0	40.9	8.7	1.4	7.7
町村立	3.9	6.9	24.0	0.0	37.2	0.2	8.1
指定都市立	0.3	0.7	0.0	64.8	0.0	0.0	15.7
都道府県立	0.0	9.8	0.0	0.0	0.0	0.0	9.8
合計	11.6	17.5	17.3	29.6	15.4	3.8	14.3

　宅配は「利用者の玄関先がカウンター」といわれるように、対面で貸出すことによって利用促進に役立つことはよく知られている。これからは届け先は自宅に限らず、施設や入院の場合も本人まで届けるサービスとして、活用を期待したい。

●表3-64　宅配1館当たり平均貸出タイトル数

	肢体	視覚	聴覚	内部	高齢者	その他	合計
市立	179.5	156.6	8.5	31.5	127.6	105.5	342.1
区立	122.6	214.0	11.0	102.3	270.4	16.5	274.3
町村立	195.7	69.8	24.0	0	180.7	1.0	159.5
指定都市立	4.0	2.0	0	324.0	0	0	165.0
都道府県立	0	39.0	0	0	0	0	39.0
合計	151.5	158.9	13.0	95.4	184.7	49.0	283.6

●表3-65　対象別宅配タイトル200以上

肢体障害者への宅配	タイトル数
成田市立図書館	929
福山市民図書館	730
品川区立品川図書館	529
重信町立図書館（愛媛県）	500
豊島区立中央図書館	444
香寺町立図書館（兵庫県）	360
大田区立入新井図書館	336
細江町立図書館（静岡県）	315
ひたちなか市立那珂湊図書館	303
東久留米市立中央図書館	238
静岡市立中央図書館	201

視覚障害者への宅配	タイトル数
田川市立図書館	960
墨田区立緑図書館	942
品川区立品川図書館	785
墨田区立あずま図書館	759
草津市立図書館	599
八幡市立八幡市民図書館	527
伊勢崎市立図書館	476
東大和市立中央図書館	424
世田谷区立烏山図書館	343
墨田区立八広図書館	341
栗東町立図書館	336
大田区立久が原図書館	316
鳩ヶ谷市立図書館	230
品川区立大崎図書館	208

高齢者への宅配	タイトル数
豊島区立中央図書館	1,120
大野村立図書館	990
立川市錦図書館	322
町田市立中央図書館	274
西那須野町図書館（栃木県）	208

●表3-66　宅配サービスの実態

	利用実績（合計）	宅配を行う人	宅配の実施	宅配実施間隔日数
松本市中央図書館	4,439	職員	定期	30
岡山市立中央図書館	2,177	職員	定期	30
日野市立中央図書館	1,547	職員	不定期	
五所川原市立図書館	1,499	職員	定期	30
旭川市中央図書館	1,467	ボランティア	定期	14
田川市立図書館	960	職員	定期	30

成田市立図書館	929	職員	定期	14
湯沢市立湯沢図書館	851	ボランティア	定期	14
草津市立図書館	814	職員	定期	7
福山市民図書館	730	職員	定期	
伊勢崎市立図書館	561	職員	不定期	
八幡市立八幡市民図書館	554	職員	不定期	
福生市立中央図書館	518	職員	不定期	
日進市立図書館	505	職員	不定期	
伊那市立図書館	430	職員	定期	30
東大和市立中央図書館	424	職員	定期	30
豊中市立庄内図書館	408	職員	定期	30
立川市錦図書館	336	職員、その他	定期	7
ひたちなか市立那珂湊図書館	303	職員	定期	30
町田市立中央図書館	274	職員	定期	7
彦根市立図書館	271	職員	定期	30
東久留米市立中央図書館	238	職員	定期	14
鳩ヶ谷市立図書館	230	職員	不定期	
豊中市立野畑図書館	226	職員	定期	14
静岡市立中央図書館	201	職員	定期	30
狭山市立中央図書館	200	職員	不定期	
豊島区立中央図書館	1,583	職員	定期	
品川区立品川図書館	1,492	職員	定期	
墨田区立緑図書館	1,193	職員	不定期	
世田谷区立桜丘図書館	997	職員	不定期	
中野区立中央図書館	890	職員	不定期	
墨田区立あずま図書館	779	職員	不定期	
品川区立五反田図書館	705	職員	定期	21
品川区立大崎図書館	411	職員	定期	30
大田区立入新井図書館	384	職員	定期	30
墨田区立八広図書館	373	職員	不定期	
大田区立浜竹図書館	357	職員	不定期	

江戸川区立葛西図書館	328	職員	定期	30
大田区立久が原図書館	316	職員	定期	14

●表3－67　宅配の周期

貸出タイトル	館数（A）	定期（B）	不定期（C）	（B）／（A）
200以上	26	19	7	73%
1～199	36	16	19	44%
0　or　不明	43	10	26	23%

　不定期で実績の高い館もある。利用者からの希望があればその都度配本するので、コミュニケーションがよく取れ利用促進に役立っている。その反面、実績が少ないほど、定期的な配達の割合は低い。

●表3－68　宅配を行う人と登録者1人当たり貸出の関係

	職員				ボランティア				職員とボランティア			
	館数	貸出数合計	登録者数合計	1人当貸出数	館数	貸出数合計	登録者数合計	1人当貸出数	館数	貸出数合計	登録者数合計	1人当貸出数
市立	94	20192	600	33.7	5	2587	86	30.1	2	148	33	4.5
区立	54	11794	1536	7.7					1	0	0	
町村立	41	3507	437	8.0	3	21	14	1.5	3	136	28	4.9
政令指定都市立	4	330	21	15.7								
都道府県立	1	39	4	9.8	1	0	0					

	職員とその他				その他			
	館数	年間貸出数計	登録者数合計	1人当貸出数	館数	年間貸出数計	登録者数合計	1人当貸出数
市立	2	336	17	19.8	2	3	0	
区立								
町村立	2	10	2	5	8	315	17	18.5
政令指定都市立					1	0	0	
都道府県立					1	0	0	

文京区立小石川図書館の登録者989人、町村立では細江町立図書館の登録者315人が異常に多く、職員による宅配の登録者1人当たりの貸出数を下げているが、なお職員による宅配の貸出数はボランティアより多い。ほとんどの場合、宅配する人は職員で、ボランティアとその他の事例数が少ないため、数値のばらつきが大きい。

3-3-5 施設貸出

●表3－69　自治体別実施状況（1次・2次調査結果比較）

	施設貸出（2次調査問2)				施設貸出（1次調査問1)			
	実施館数	施設数	貸出数	1施設当り貸出数	実施館数	施設数	貸出数	1施設当り貸出数
市立	169	649	110,513	170.3	211	679	129,660	191.0
区立	19	25	4,786	191.4	18	66	12,751	193.2
町村立	147	283	47,008	166.1	230	359	60,965	169.8
政令指定都市立	16	142	4,547	32.0	7	11	677	61.5
都道府県立	10	125	6,153	49.2	10	19	4,821	253.7
合　計	361	1,224	173,007	141.3	476	1,134	208,874	184.2

施設貸出の実績館は1次では257館、2次では、210館で、他のサービスと比べて実績館数は多い。貸出は郵送についで多く全体の約30％を占める。1次と2次で貸出冊数の違いが大きいが、全館対象の1次調査結果の数値が実態に近いと思われる。

●表3－70　サービスの形態

全国	1.職員巡回	2.職員貸出	3.図書室に貸出	4.BM駐車場有	5.個人に郵送	6.ボラに団体貸出	7.その他	合計	サービス形態無回答	実施館合計	実施館に対する割合
館数	11	27	152	38	2	21	62	304	48	361	
1.養護学校	2	3	19	1	0	2	8	32	0	32	8.9%
2.盲学校	0	0	9	0	0	0	1	6	0	6	1.7%
3.ろう学校	0	0	8	1	0	1	4	11	0	11	3.0%
4.特養ホーム	9	19	81	28	0	10	25	170	3	173	47.9%
5.老人保健施設	3	6	24	13	0	4	8	58	1	59	16.3%

6.障害者施設	2	13	40	14	2	6	13	89	2	91	25.2%
7.その他	3	6	48	7	0	2	17	80	1	81	22.4%
施設数	49	153	613	95	1	26	85	993	202	1224	
貸出数	7,558	33,929	82,178	27,043	0	5,098	9,578	159,231	7,623	173,007	3.0%
1か所当たり貸出数	154.2	221.8	134.1	284.7	0.0	196.1	112.7	160.4	37.7	141.3	
施設数%	4.0%	12.5%	50.1%	7.8%	0.1%	2.1%	6.9%	81.1%	16.5%		
貸出数%	4.4%	19.6%	47.5%	15.6%	0.0%	2.9%	5.5%	92.0%	4.4%		

(注) 1から7の貸出対象は複数回答のため、対象施設合計と館数合計は一致しない。

　貸出対象として特別養護老人ホームと老人保健施設の合計は232施設で、高齢者施設の利用が多い。形態では図書室に貸出が152館、613施設と一番多い。

　サービス形態の中でも「1．職員が施設内を巡回」「2．職員が一定の場所で貸出」「4．移動図書館の駐車場で貸出」という、直接図書館員が係る方式を採用している図書館の場合、登録者、貸出冊数ともに平均値より高い実績を示している。（表3－18　61ページを参照）施設入所者へのサービスは施設への団体貸出だけでなく、入所者への個人貸出の方法を積極的に検討し採用したいものである。

1．登録者

●表3－71　施設入所者の利用登録（1次問4）

	登録者有りの館数（A）	登録者数を回答した館数	登録者数	1館当たり登録者数	1次調査回答館数（B）	実施率（A／B）
市立	153	40	636	15.9	1,008	15.2%
区立	11	4	49	12.3	194	5.7%
町村立	138	67	1,446	21.6	910	15.2%
指定都市立	15	4	459	114.8	152	9.9%
都道府県立	10	2	12	6.0	62	16.1%
合計	327	117	2,602	22.2	2,326	14.1%

施設入所者へのサービスを施設単位のサービスだけでなく、どの程度個人利用者として考えているかを確かめた。1次調査で施設入所者の登録者数ありと回答した327館のうち、施設への貸出はなしで入所者の登録ありと回答したのは161館であった。このうち48館が登録者数を回答しており合計665人あり、施設入所者で個人登録の利用者と考えられる。施設入所登録者の26％である。

　施設貸出と入所者への個人貸出とそれぞれが必要であり、できることなら利用する側が選べることが大事な点であろう。

施設貸出 1次調査で1000冊以上貸出の館（　　）は貸出冊数

湯河原町立図書館（神奈川県）　2施設（10,365冊）、安木市立図書館　26（8,960）、東村山市立富士見図書館　9（8,600冊）、熊本市立図書館　11（8,552）、マキノ町立図書館（滋賀県）5（7,900）、東村山市立中央図書館　7（7,700）、川之江市立図書館　12（7,000）、松山市立中央図書館　（6,549）、倉敷市立中央図書館　7（6,000）、鳥取市民図書館　5（5,588）、安曇川町立図書館（滋賀県）　2（5,040）、浜松市立北図書館　6（4,463）、福江市立図書館　7（3,987）、文京区立真砂図書館　4（3,840）、津島市立図書館　5（3,300）、置戸町立図書館（北海道）　2（3,120）、町田市立中央図書館　2（3094）、徳島市立図書館　8（3,050）、高知県立図書館　9（2,616）、大館市立中央図書館　3（2,260）、秋田市立中央図書館明徳館　4（2,100）、高知市立市民図書館　7（2,006）、重信町立図書館（愛媛県）　28（2,000）、標茶町立図書館（北海道）　2（1,980）、江戸川区立葛西図書館　33（1,963）、西宮市立中央図書館　7（1,943）、菱刈町立図書館（鹿児島県）　11（1,871）、熊谷市立図書館　3（1,792）、山形市立図書館　6（1,725）、八尾町立図書館（富山県）　2（1,719）、鳴門市立図書館　3（1,700）、新座市立中央図書館　2（1,692）、奈井江町図書館（北海道）　2（1,669）、品川区立品川図書館　4（1,600）、一関市立図書館　2（1,599）（1,599）、阿南町立図書館（長野県）　3（1,584）、三重町立図書館（大分県）　4（1,348）、佐賀県立図書館　2（1,260）、幡豆町立図書館（愛知県）　1（1,225）、花巻市図書館　2（1,200）、唐津市近代図書館　2（1,200）、洲本市立図書館　13（1,112）、昭島市民図書館　1（1,102）、江戸川区立篠崎図書館　3（1,096）、南国市立図書館　3（1,096）、江府町立図書館　2（1,080）、北区立赤羽北図書館　1（1,080）、更埴市立図書館　2（1,071）、八戸市立図書館　2（1,057）、福知山市図書館　6（1,000）、富田林市立中央図書館　1（1,000）

施設貸出２次調査で1000冊以上貸出の館

東村山市立富士見図書館　9施設（8,600冊）、枚方市立香里ヶ丘図書館　4（6,494）、松山市立中央図書館　5（6,459）、倉敷市立中央図書館　7（6,000）、太宰府市民図書館　4（5,868）、鳥取市民図書館　5（5,588）、松本市中央図書館　9（4,359）、マキノ町立図書館（滋賀県）　不明（4,033）、置戸町立図書館（北海道）　2（3,704）、安曇川町立図書館（滋賀県）　2（3,600）、福江市立図書館　7（3,508）、津島市立図書館　5（3,300）、日の出町立ひので図書館（東京都）　5（3,227）、町田市立中央図書館　2（3,094）、佐賀県立図書館　3（3,060）、大津市立図書館　3（3,000）、彦根市立図書館　6（3,000）、新居浜市立別子銅山記念図書館　1（2,400）、當麻町立図書館（奈良県）　9（2,315）、十和田市民図書館　6（2,040）、名古屋市西図書館　2（2,000）、更埴市立図書館　2（1,998）、高知県立図書館　8（1,965）、西宮市立中央図書館　7（1,943）、南関町立図書館（熊本県）　3（1,800）、熊谷市立図書館　3（1,792）、八尾町立図書館（富山県）　2（1,719）、新座市立中央図書館　2（1,702）、豊中市立庄内図書館　3（1,695）、いわき市立勿来図書館　5（1,646）、盛岡市立図書館　3（1,622）、品川区立品川図書館　4（1,600）、阿南町立図書館（長野県）　3（1,500）、浦安市立中央図書館　9（1,446）、胆沢町立図書館（岩手県）　8（1,440）、防府市立防府図書館　3（1,440）、歌志内市立図書館　3（1,440）、名古屋市中川図書館　4（1,378）、三重町立図書館（大分県）　4（1,348）、出水市立図書館　4（1,346）、魚津市立図書館　2（1,320）、日立市立記念図書館　5（1,300）、田川市立図書館　2（1,200）、大野町図書館（広島県）　1（1,200）、高槻市立天神山図書館　1（1,174）、弘前市立図書館　3（1,139）、穴吹町立図書館（徳島県）　4（1,109）、昭島市民図書館　1（1,102）、佐世保市立図書館　5（1,044）、山形市立図書館　8（1,000）、大阪市立西成図書館　3（1,000）、玖珂町立図書館（山口県）　1（1,000）、富田林市立中央図書館　1（1,000）

3-3-6　入院患者サービス

●表３－72　病院入院患者サービス

	実施館数	実績館数	施設数	貸出数	登録者数	館数
市　立	35	20	48	41,357	1,953	（7）
区　立	5	2	6	1,755	27	（1）
町村立	33	18	30	7,366	555	（11）
指定都市立	6	3	5	1,601	52	（2）
都道府県立	2	0	2	0	1	（1）
合　計	81	43	91	52,079	2,588	（22）

（注）実績館は貸出数回答館、（　）内は登録者数回答館

●表3-73　病院入院患者サービス

	1.職員巡回	2.職員一定の場所	3.病院図書室	4.BMステーション	5.個人の郵送	6.ボランティアに貸出	7.その他	形態無記入	合計
館数	6	7	28	11	1	6	0	22	81
病院数	8	9	41	15	1	4	0	13	91
貸出冊数	7,946	15,759	14,793	10,969	0	653	0	1,959	52,079
1病院当	993	1,751	361	731	—	163	—	151	572

　職員が直接貸出ケースでは、1病院当たりの貸出数が多い。特に院内の一定の場所での貸出で顕著である。(59ページ　表3-17参照)

3-3-7　その他のサービス

　1次調査問1-7 その他のサービスから

秋田県立図書館	ボランティアによる宅配実施（月2回、第2、4月曜日）
京都府立総合資料館	レファレンスに限り該当部分（資料一部分）について対面サービス
墨田区立緑図書館	墨字訳サービス17枚、拡大写本サービス6,776p、点訳サービス15,472p
江東区立亀戸図書館	点訳サービス
大田区立下丸子図書館	拡大写本
大阪市立阿倍野図書館	病院院内教室へのおはなし、絵本よみきかせなど年3回
大阪市立都島図書館	院内学級に「おはなしの配達」こども10数人1学期に1回程度
鶴岡市立図書館	老人福祉施設に出向いての対面朗読
鴨川市立図書館	障害のある方に限りませんが、近くの出張所から返却できるよう「返却取り次ぎサービス」を行っています。
府中市立中央図書館	ファクシミリなどによる聴覚および言語障害者への図書リクエストサービス
国立市立くにたち中央図書館	点訳サービス15タイトル32冊
多摩市立永山図書館	特別養護老人ホームへ朗読者を派遣し読み聞かせ
大野市図書館	在宅訪問看護の方へのサービス　2名
高松市図書館	除籍図書のリサイクルを図るため、刑務所に図書を提供
宿毛市立坂本図書館	ヘルパーさんを介して貸出す等、来館時に話しかける等のサービス
多久市立図書館	寄贈図書の中で新しくきれいなものを、病院へ譲渡する。（寄贈者の了解を得てから）予算が少ないので助かっている。
伊万里市民図書館	ボランティアグループによる老健施設でのお話しのサービス
西仙北町立図書館（秋田県）	保健センターのヘルパーや公民館の地区館を通じて本を届けている
太子町立図書館（兵庫県）	利用者が入院されたり、在宅療養されている場合希望に応じて本を届ける
三郷町立図書館（奈良県）	ホームヘルパーによる資料の仲介
當麻町立図書館（奈良県）	福祉施設に複本、その他除籍本を無料提供

久米町立図書館（岡山県）　２人　町のヘルパーさんや職員が本を届けている、月１～２回で年20～30冊
久万町立図書館（愛媛県）　家族持ち帰り（ヘルパー等）について貸し出し中
別府市立図書館　受刑者サービスは廃棄図書を刑務所に寄贈する

3-3-8　特徴的なサービス

　この章でははじめに、２次調査のフリーアンサーで記述された回答を追う中で、特徴的なサービスや未だにほとんど手がけられていないサービスについて見ていきたい。最後に１次調査問１サービス実施の有無７その他の回答から、該当するものを列記した。

＜受刑者サービス＞

　２次調査問12で受刑者サービスについて聞いているが、回答したのは19館だった。１次調査で受刑者へのサービスを実施していると回答した館が30館あったが、受刑者の登録者がいると回答したのは17館、具体的な人数を上げたのは１館しかなかった。

　この内、少年院に貸し出している館が２館ある他は、刑務所で、ほとんどが団体貸出の形である。唯一「自動車文庫が月１回訪問、１回につき１時間ほど」（姫路市城内図書館）という図書館がある。半数の館では資料を選ぶのが刑務所の職員だが、少年院生や入所者の代表が一緒に選んでいるところも２館ある。さらに、受刑者からのリクエストにも応じているという館が１館あった。

　また、サービスを行う上で注意していることについては４館が回答しているが、「青少年の教育上の配慮を行っている（配本資料の制限、殺人等の犯罪に関したものは入れない）」、「持ってこないで欲しい本（内容的に過激なもの）等、職員の方の希望に注意している」、「受刑者に対して不適切な内容の図書がないよう、選書に注意している」など、図書館側が本を選択する際の気遣いが見られる。

＜個人依頼による資料製作＞ 問15－1

　実施していると回答した館は75館で、記述したのは84館あった。一般の録音図書の希望についても記述した館が少なからずある。また、そのほとんどが音訳で、点訳を記述した館は5館（内点訳サービスの枚数ページ数を回答した館が3館あり、それぞれ70件19584ページ、15472ページ、約8000枚）拡大写本を挙げた館は2館（具体的な数値を上げたのは1館6776ページ）に過ぎなかった。しかし具体的な数値を上げた館では相当量の資料製作が行われていることが分かる）具体的な例を記述した館の、その内容を大別すると以下のようになる。

1．資料（本・雑誌・新聞）の一部分　27件
　　資料の1部分　7　新聞記事　7　雑誌記事　10　雑誌の目次　1
　　経済関係の資料　1　「日経アーキテクチュア」の抜粋　1
　　新聞の単価・俳句投稿欄　1

2．カタログ、パンフレット類　10件
　　パンフレット　6　カタログ　1　ゲームソフト　1　チラシ　1　CD等の目録　1

3．機器の取扱説明書等　9件
　　電気器具の取扱説明書　3　生活用品・機器の説明書　2　機械の取扱説明書　1　使用説明書　1　説明書　1　ギターの解説書　1

4．参考書、教材など　9件
　　放送大学受験用テキスト　1　大学入試案内　1　問題集　1　試験問題　1　学習参考書　1　テキスト　2　大学の教材　1　卒論のための法律判例集　1

5．私信など　3件
　　手紙　1　書類　1　私信　1

6．個人の蔵書など　5件
　　個人の蔵書　3　持ち込み資料　2

7．著作権許諾の取れなかったもの　4件

著作権の許諾の取れなかったもの　4
8．その他
　　県の身障協会報　1　市議会議事録　1　著作権許諾を受けないもの
1　レシピ　1

　以上のように、資料の一部分やパンフレット、取扱説明書、教材などの要望が潜在的にかなりあるのではないかと思われる。未だに資料の変換は自館の蔵書に限るという図書館がかなり多い現状であるが、地域の身近なところに、こうした生活上必要な情報を読めるように変換してくれる施設が必要とされているのではないだろうか。変換の内容や期限に責任を持ち、プライバシーが守られるという意味で、公立図書館への期待は大きいと言わねばならないだろう。

＜個人依頼による代筆・文字の拡大・聴覚障害者のための代読等＞問15－3
　実施していると回答した図書館は19館だったが、記入したのは34館だった。ここでも「拡大読書器の設置」とか「ボランティアグループによる町広報の録音」「私信の音訳」（これは本来問15－2で答えるもの）等設問と関係のない回答がいくつか見受けられた。
　具体例の中では代筆がもっとも多く、15館が何らかのサービスを行ったと回答している。その内訳は
・対面朗読中の代筆が4館
・公の通知文や提出書類4館
・宛名書き　　　　5館
その他に、手紙の代筆、学校に提出する略地図、アンケートの回答、文書の製作等の回答があった。
　一方文字の拡大を行った図書館は9館で、具体的に記述した館は
・「拡大写本教科書187件・ＣＤ内容曲名の拡大2件、詩吟の漢詩の拡大
　　1件・教会礼拝用パンフレット拡大12件、お経の拡大1件」

- 「レファレンス回答を大きくメモする」
- 「拡大写本6776ページ」
- 「拡大15枚（Ｂ４）」
- 「本の目録を弱視の程度にあわせて拡大文字で書き、渡す」などがあった。また聴覚障害者のための代読については唯一、「手話による書類等手続き」という回答があっただけだった。

＜問20＞との関連

　今回の２次調査では問20で「上記以外の障害者サービスを実施していましたら、具体的にお書きください。（墨字訳サービス、文字情報サービスなど）」と記述式で聞いている。問15－２と３との関連が曖昧であったために、ここでその二つについて記述した図書館は残念ながら、文字情報サービス関連で、**墨田区立緑図書館**の「墨字訳サービス・文字情報サービス（宛名書きやワープロによる大活字文書、点字文書の打ち出し等）」と**日野市立図書館**の「墨字訳サービス」二つしかなかった。**枚方市立御殿山図書館**が「一種の文字情報サービスになるかと思いますが、対面朗読とは別に来館された視覚障害の利用者に対して、職員が別室にて参考図書他の墨字図書を使い、様々な調べもののお手伝いをすることがあります。館内では「対面レファレンス」と呼んでいます」と回答しているが、これは対面朗読の範疇で一般的に行われていることだろう。**枚方市立山田図書館**が「墨字訳サービスについては、市内の朗読ボランティアサークルの自主的活動として行われており、枚方図書館がその場所を提供して協力しているが、あくまでも集会室として位置づけ、館内での位置づけについては検討中」という。

　また、ＯＡ関係では、**枚方市立津田図書館**の「読み書きサービス（図書館にある点字ワープロを利用できるようにしている）」や**日野市立図書館**の「障害者サービス用パソコンの操作補助（ＯＣＲ・ワープロ等）」があり、視覚障害者に対して、機器を提供したり使い方を説明したりするサービス

を行っていることがわかる。

　聴覚障害者に対しては**文京区立真砂図書館**が「聴覚障害者対象字幕スーパー付き映画会を年2回実施」しているほか、**枚方市立山田図書館**が「聴覚障害者向けマンガの貸出を行っている。」これは、聴覚障害者と図書館との交流会の場で利用者から図書館資料の収集範囲が狭くて図書館を利用したくても利用できるものがないという指摘を受けたためという。また、**北島町立図書館**（徳島県）では毎月第3日曜日のお話会にボランティアグループによる手話がつくという。

1次調査問1－7その他のサービスから

秋田県立図書館　ボランティアによる宅配実施（月2回、第2、4月曜日）

京都府立総合資料館　レファレンスに限り該当部分（資料一部分）について対面サービス

墨田区立緑図書館　墨字訳サービス17枚、拡大写本サービス6776p、点訳サービス15472p

江東区立亀戸図書館　点訳サービス

大田区立下丸子図書館　拡大写本

京都市図書館　特別貸出実施（冊数増5冊を10冊に、期間2週間を1ヶ月間に延長）

大阪市立阿倍野図書館　病院院内教室へのおはなし、絵本よみきかせなど年3回

大阪市立都島図書館　院内学級に「おはなしの配達」こども10数人1学期に1回程度

鶴岡市立図書館　老人福祉施設に出向いての対面朗読

鴨川市立図書館　障害のある方に限りませんが、近くの出張所から返却できるよう「返却取り次ぎサービス」を行っています。

府中市立中央図書館　ファクシミリなどによる聴覚および言語障害者への図書リクエストサービス

国立市立くにたち中央図書館　点訳サービス15タイトル32冊

多摩市立永山図書館　特別養護老人ホームへ朗読者を派遣し読み聞かせ

大野市図書館　在宅訪問看護の方へのサービス　2名

向日市立図書館　貸出枠拡大、拡大読書器設置

和歌山市民図書館　特別貸出（期間を1ヶ月間に延長）

高松市図書館　除籍図書のリサイクルを図るため、刑務所に図書を提供

宿毛市立坂本図書館　ヘルパーさんを介して貸出す等、来館時に話しかける等のサービス

多久市立図書館　寄贈図書の中で新しくきれいなものを、病院へ譲渡する。（寄贈者の了解を得てから）予算が少ないので助かっている。

伊万里市民図書館　ボランティアグループによる老健施設でのお話しのサービス

西仙北町立図書館（秋田県）　保健センターのヘルパーや公民館の地区館を通じて本を届けている

太子町立図書館（兵庫県）　利用者が入院されたり、在宅療養されている場合希望に応じて本を届けることはしている。

三郷町立図書館（奈良県）　ホームヘルパーによる資料の仲介

當麻町立図書館（岡山県）　福祉施設に複本、その他除籍本を無料提供

久米町立図書館（岡山県）　2人　町のヘルパーさんや職員が本を届けている、月1～2回で年20～30冊

久万町立図書館（愛媛県）　家族持ち帰り（ヘルパー等）について貸し出し中

別府市立図書館　受刑者サービスは廃棄図書を刑務所に寄贈する

（前田）

3-4 体制について

3-4-1 施設・設備

　表2-5（24ページ）でも記したように、施設設備は10年前と比べるとかなりの前進が見られる。これは、1994年に「高齢者、身体障害者等が円滑に利用できる特定建築物の促進に関する法律（ハートビル法）」が制定され、各自治体において「障害者や高齢者にやさしいまちづくり推進事業」が進められていることにも拠るものだろう。高齢社会を迎えた今日、誰もが気軽に訪ねられる図書館であるためには、玄関等の段差解消、車椅子で入れる手摺の付いたトイレなどは、必須の条件といえる。この２つは、今回調査した18項目の中でも設置率が飛び抜けて高い。しかし設置率６～７割というのではまだ不充分と思われる。図書館の立地条件等にも左右されるだろうが、駐車場とも併せて、更なる改善が望まれる。

　身障者用トイレは74％の設置率である。しかし、様々な公共施設の身障者用トイレは、実際に使う人の立場に立って作られていないものもある。水洗のスイッチが足で踏むようになっていたり、介助が必要なのに広さが足りない、あるいは介助者が外で待っていて、内側からしか開けられないために外に出られなくなった等トイレにまつわる苦労話は事欠かない。利用する人のハンディキャップは様々である。設置有りと回答している所も、今一度、利用者の視点で点検して欲しい。

　スロープは、勾配率によっては電動車椅子利用者に緊張を強いることもある。基本的には入り口の段差をなくし、館内全体がフラットになっていることが理想である。

　館内の点字ブロックは25％の設置率である。点字ブロックは、視覚障害者をどこにどのように案内するかという点で、敷設の位置が難しい。せっかく設置されていても用をなさない場合もある。全体のレイアウトとの関

係もあるため、実際に複数の視覚障害者の意見を聞いて設置するのがいいだろう。

　ハートビル法の関係もあって、建物の改善はだいぶ進んでいるが、視覚障害者や聴覚障害者の利用を支援する機器の設置や、コミュニケーションを補うサイン等、特に聴覚障害者に対する配慮が今ひとつ伸び悩んでいるようである。点字ブロックや触知案内板、誘導チャイム、緊急時用点滅ランプなどは、図書館利用のアクセスだけでなく、災害時には障害者の生命の問題にも関わってくる。ぜひ設置率を上げたいものである。

　利用者用ファックス、難聴者用電話、磁気誘導ループなどについては、『聴覚障害者にも使える図書館に－図書館員のためのマニュアル－改訂版』（日本図書館協会発行）が、設置時の参考になるだろう。

●表3－74　各設備の設置館数

	都道府県立	東京23区立	政令指定都市立	市立	町村立	法人立	合計
回答館数	62	194	152	1,008	888	22	2,326
身障者用トイレ	56	144	128	752	631	6	1,717
玄関等スロープ	46	107	94	621	547	3	1,418
障害者用駐車場	35	53	70	397	269	0	824
車椅子	44	78	51	500	262	4	939
障害者に配慮したエレベーター	33	80	75	411	230	3	832
高さ調査のできる机	7	10	4	33	26	0	80
拡大読書器	44	42	53	295	129	1	564
対面朗読・録音室	26	90	44	261	112	1	534
館内点字ブロック	29	63	75	299	123	0	589
点字・拡大文字案内板	8	13	27	98	32	1	179
点訳パソコン	12	10	2	42	9	1	76
点字プリンター	12	11	4	51	8	1	87
触知案内板	6	1	21	50	17	0	95
誘導チャイム	11	4	17	71	15	0	118
緊急時用点滅ランプ	8	17	21	125	123	0	294

磁気誘導ループ	4	1	2	4	2	0	13
難聴者用電話	2	1	2	16	3	0	24
利用者用Fax	2	4	2	19	1	0	28
その他	2	7	8	35	24	0	76

　現在、点訳はほとんどパソコン点訳で行われるようになったが、点字プリンタがあると回答している館は87館である。パソコン点訳システムはあるが、点字プリンタにチェックしていない7館を加えると、94館でパソコン点訳の体制があることがわかる。しかし、この94館の中で、点字資料（図書・雑誌・フロッピーディスク・点字絵本）の製作実績があるのは43館で半数に満たない。なお、今回の調査では、1次と2次とで回答の数値が異なるものが少なからずある。表3-75の製作数は1次調査に拠るものであるが、1次調査で製作実績未記入館の6館が、2次調査で実績を記入しているので、これを加えると49館になる。1次調査で何らかの点字資料の製作を行っていると回答した館は84館あり、その内41館は点訳用のパソコンがないため、その製作を従来の手打ちで行っているか、ボランティアや外部機関の所持する機器に依存していることになる。

　点訳パソコンを設置して点字図書製作を行っていない45館の中には、視覚障害利用者が100人を超えるサービスの上位館6館も入っており、2桁以上の利用者がいる所が24館ある。これらの中には視覚障害職員がいる館が7館あり、そのほかにも、プライベートサービスや案内の点字版・拡大文字版を出したり、また障害者自身が来館して使えるようにするなど、利用者のニーズに応えようと配慮している館もある。

　2次調査の「利用者端末やその他のパソコンで、障害者に対して何か配慮しているか」との質問に対し、次のような具体的回答があった。

・点訳パソコンあり。ワープロ機能、及び点字フロッピー版の呼び出し、打ち出しが可能。（東大和市立図書館）
・音声パソコンで文書作成やパソコン通信が可能。（佐賀市立図書館）

- 音声読み上げソフト（95reader）、墨字音声化装置（ヨメール）を備えたパソコンの利用が可能。（**東京都立中央図書館**）
- 点訳ソフト、音声読み取り機能付き（**品川図書館**）
- 「METLICS（東京都立図書館所蔵目録CD-ROM版）」「点字図書・録音図書全国総合目録（CD-ROM版）」の検索。（**日野市立図書館**）
- 音声発声装置付き点字パソコン、イメージスキャナ、点字プリンタを対面朗読室に設置。（**江戸川区立西葛西図書館**）
- 点字辞書に代わる検索手段として、平成9年度に音声パソコン購入。（**横浜市神奈川図書館**）
- 点字ピンディスプレイの設置。（**岐阜県図書館**）

　このような回答を記したのが、下の表で○印の図書館である。

　これらの記述からもわかるように、点字プリンタやパソコン点訳システムは、点字図書を製作するためだけに必要なものではない。点字を読める視覚障害者に対する図書館からのお知らせをはじめ、レファレンスの回答文書や様々な文書作成に利用することができ、また視覚障害者自身が自ら情報にアクセスする手段として非常に有効である。今回の調査には含まなかったが、全国視覚障害者情報提供施設（点字図書館）協会の運営する「ないーぶネット」にデータアップされている点字データを、利用者に提供することもできる。点字プリンタは高価であるが、それだけに個人ではなかなか購入できるものではない。拡大読書器と共に、図書館に置いて欲しい機器のひとつである。

●表3-75　点字資料の製作館

図書館名	点字図書製作T（冊）数	点字雑誌製作T（冊）数	点訳FD製作T数	点字絵本製作T（冊）数	プライベート製作	視覚障害利用者数	パソコン点訳システム	点字プリンタ	点字大活字版案内	障害を持つ利用者用端末	障害者に配慮したパソコン
＊名古屋市鶴舞中央図書館	182(795)	1(12)	169		○	607	○	○	○		
宇都宮市立図書館	105(250)					150	○	○			
埼玉県立浦和図書館	47(240)		9		○	495	○	○			

図書館名											
＊町田市立中央図書館	43 (131)		43	8 (8)	○	40	○	○	○		○
木更津市立図書館	42					25	○	○			
＊豊中市立岡町図書館	40						○	○			
茨木市立中央図書館	29 (111)				○	86		○			○
四日市市立図書館	28 (90)				○	80	○	○			
川口市立前川図書館	27 (51)					17	○	○			
市川市中央図書館	21 (93)					25	○	○			
松山市立中央図書館	20 (63)		14	2 (2)		126	○	○	○		
沼津市立図書館	19 (53)	2 (12)				21		○	○		
浜松市立中央図書館	18 (51)					428	○	○			
明石市立図書館	16 (57)					101	○	○			
＊豊島区立中央図書館	16 (67)				○	604	○	○			○
久留米市民図書館	15 (74)				○	60					
草津市立図書館	12 (36)			22 (22)	○	15	○	○		○	
東京都立多摩図書館	12 (81)				○	87	○	○			
田無市立谷戸図書館	11 (80)		11		○	20		○			
江戸川区立西葛西図書館	10 (25)					32	○	○			○
浦安市立中央図書館	10 (38)				○	18	○	○			
国立市立くにたち図書館	8 (24)				○	24	○	○			
江戸川区立小岩図書館	8 (36)					29	○	○			
長野市立長野図書館	7 (16)					43	○	○			
立川市中央図書館	6 (12)				○	50	○	○	○		○
品川区立品川図書館	6				○	50	○	○			○
＊東京都立中央図書館	5 (85)	1 (6)	4			351	○	○	○		○
甲西町立図書館（滋賀県）	5 (5)					33	○	○	○		
＊枚方市立楠葉図書館	5 (15)					76	○	○	○		
福井県立図書館	5 (30)					131	○	○			

＊日野市立中央図書館	5 (35)			○	62	○	○			○
町立みささ図書館（鳥取県）	4 (5)		4		12	○				
磐田市立図書館	3 (11)		4	○	49	○	○	○		
東大和市立中央図書館	2 (13)			○	18	○	○	○		○
文京区立真砂図書館	1 (2)		10(10)	○	194	○	○			
岐阜県図書館	1 (1)				70	○	○			○
三田市立図書館	1 (1)				27	○				
鹿沼市立中央図書館	(16)				25	○	○			
金光図書館（岡山県）	(200)				54	○	○			
目黒区立目黒本町図書館		【1 (1)】		○	148	○	○			
多摩市立永山図書館			【8】		68	○	○			○
大阪府立中央図書館		【15】		【4】	○	57	○	○	○		
墨田区立あずま図書館			【1】		○	52	○		○		
墨田区立緑図書館			【10】		○	29	○	○			○
岩国市立中央図書館		【(35)】				16	○	○	○		
＊横浜市立中央図書館				○	552		○	○		○
＊埼玉県立川越図書館				○	495	○	○			
＊埼玉県立久喜図書館				○	495	○	○			○
愛知芸術文化センター愛知県図書館					252	○	○	○		
＊大阪市立中央図書館					123	○	○	○	○	
＊豊島区立上池袋図書館					115	○	○			

（注）数値は1次調査による。2次調査によるものは【　】で表示。図書館名の頭に＊のある館には視覚障害職員がいる。

　対面朗読室は534館が設置し、23％の設置率である。しかし、その58％にあたる312館において対面朗読の実績がない。一方、対面朗読の実施（1次・2次のいずれかで、実績人数か時間の記されている）館は288館であるが、その22％にあたる62館には対面朗読室がない。なお、対面朗読室

を設置していない日野市立中央図書館の514時間をトップに1時間まで加えると46館が、対面朗読の実績があり、施設設備は大切な要素ではあるが、施設設備がなくても工夫をすれば障害者サービスを行えることがわかる。

●表3-76 対面朗読設置主体別利用時間上位館

	図書館名	1次調査				2次調査				
		対面朗読室	利用登録者数	年間利用人数	年間利用時間	利用登録人数	利用時間合計	読み手		
								職員	登録音訳者	外部ボランティア
都道府県立	大阪府立中央図書館	○	22	155	3241	22	3241	○	○	
	東京都立中央図書館	○	351	420	2097	351	2097		○	
	東京都立多摩図書館	○	87	144	735	87	735		○	
	埼玉県立川越図書館	○	495	162	578	495	578		○	
	愛知芸術文化センター愛知県図書館	○	15	174	486	172	486		○	
	高知県立図書館	○	4	37	294	4	294			○
政令指定都市／東京23区	大阪市立中央図書館	○	36	823	1646	36	1646		○	
	杉並区立中央図書館	○	219	334	678	13	678		○	
	豊島区立中央図書館	○	604	277	618	604	618		○	
	横浜市山内図書館	○		260	522	522	522		○	
	江東区立東大島図書館	○	8	156	443	6			○	
	板橋区立中央図書館	○	15	190	425	3	425		○	
	江東区立亀戸図書館	○	11	168	358					
	川崎市立中原図書館	○	7	169	338	7	338		○	
	練馬区立練馬図書館	○		171	335	171	335	○		
	新宿区立戸山図書館	○	105	164	328	105	328		○	
	江東区立江東図書館	○	29	5	308	5	308			
市立	町田市立中央図書館	○	11	450	1020	11	1020	○	○	
	八王子市中央図書館	○	17	505	1010	17	1010			○
	所沢市立所沢図書館	○	106	356	831	356	831		○	
	松本市中央図書館	○	27	78	742	25	742			○
	調布市中央図書館	○	14	366	732	14	732		○	
	つくば市立中央図書館	○		330	660	2	660	○	○	
	厚木市立中央図書館	○	27	135	638	27	638	○	○	
	日野市立中央図書館		21	719	514	21	514	○	○	
	東村山市立富士見図書館	○	11	254	508	11	508			○
	旭川市中央図書館	○	12	166	505	12	166			○
	多摩市立永山図書館	○	68	238	476	58	476	○	○	
	吹田市立さんくす図書館	○	29	214	428	30	458		○	
	岡山市立中央図書館	○	5	164	410	4	410		○	
	坂戸市立中央図書館	○	4	181	362					
	桶川市立図書館			35	349	2	39	○		○

	志木市立柳瀬川図書館	○	4	171	342	4	342		○	
	武蔵野市立中央図書館	○	111	151	307	5	307		○	
町村立	栗東町立図書館（滋賀県）	○	2		72	3	56	○	○	
	双葉町立図書館（福島県）	○				1	75	○	○	
	白井町立図書館（千葉県）	○	1	11	22	1	22	○		
	犀川町立図書館（福岡県）					不明	45	○		○
	山ノ内町立蟻川図書館（長野県）		4	60	30	4				○

3-4-2　サービスを支える人的体制

（1）担当職員

　図書館利用に障害のある人々へのサービスは全職員で行えるサービスであり、「すべての人にサービスしよう」という共通認識が全館的に得られてこそ発展するサービスである。しかし、専用の資料を取り扱ったり製作するなど、一般的図書館業務に関する知識に加えて、かなりの専門性も求められる。そのため、担当者をきめてサービスが進められている。担当者の配置および専任、兼任の内訳は表3－77のとおりである。1989年の調査では専任39館63人、兼任288館586人と比べると2～3倍に増えている。

●表3－77　障害者サービス担当職員

図書館種別	障害者サービス担当職員有	専任担当者有	兼任の担当者有	専任担当者人数	兼任担当者人数	この中で障害をもつ職員のいる館	障害を持つ職員の人数
都道府県立	37	10	31	28	110	11	14
23区立	138	30	117	71	235	30	35
政令指定都市	67	7	62	16	134	11	13
市立	403	44	377	64	803	81	93
町村立	151	2	150	3	319	15	13
財団立	4		4		7		
合計	800	93	741	182	1608	148	168

なお、サービス実績をみると、専任を置いているところがその数値は高く、実績数が低くても1館を除いてすべての館で実績がある。兼任のみの所では、高い実績を出している所もあるが、707館中3割の200館ほどは実績がない。一方、担当職員を置いていない、あるいは無回答の1526館中400館でも対面朗読や録音図書の貸出をはじめ、何らかの実績をあげている。特に入院患者や施設・刑務所への貸出などは高い実績をあげているところもある。

（2） 障害を持つ職員の雇用

　公共図書館で働く障害をもつ職員は、259館289人である。1989年の158自治体176人から6割増である。この設問の障害種別については記入のなかった館もあり、障害種別人数と全体数とは一致しない。また、1999年3月に発行した第1次報告書11ページに記された重複障害は、別々の障害をもった複数の職員を同一職員の重複障害と誤ってカウントされていたことがわかったので、ここに訂正する。

●表3－78　担当職員の専任・兼任と障害を持つ職員

図書館種別 （障害を持つ職員のいる館）	担当職員有	専任担当者有	兼任の担当者有	専任担当者数	兼任担当者数	障害を持つ職員の人数	視覚障害者（人数）	聴覚障害者	肢体不自由者	内部障害者	知的障害者
都道府県立　15館	11	専6	兼7	17	15	20	5	2	10	1	
東京23区立　37館	30	専11	兼21	30	46	43	5	6	22	3	1
政令指定都市立　13館	11	専4	兼9	13	20	15	4	1	4	1	
市立　141館	81	専14	兼73	18		159	14	13	95	8	2
町村立　52館	15		兼15		34	51	2	3	40	3	1
財団立　1館						1					1
合計259館　人数計						289	30	25	171	16	5
担当者のいる館　148						168	23	16	93	9	0
担当のいない館　111						121	7	9	78	7	5

図書館利用に障害のある人々へのサービス担当が設けられている図書館に働く障害を持つ職員が、その担当であるかどうかはこの調査ではわからない。また、障害者は障害者サービス担当と固定的に考えるのは誤りである。しかし障害者が図書館で働くということは、同じようなハンディキャップを持った人々にとって図書館の中のどのようなことが利用の妨げになっているのか、障害を持った人たちのニーズを顕在化することができ、サービス企画の大きな担い手になることが可能である。カウンターでの手話による応対などで障害者にとって図書館が身近なものになるであろうし、視覚障害者用図書の製作などでは、視覚障害者が理解しやすい図書製作の質の向上を図ることができる。そして何より、ともに働く図書館職員が、障害を持った人たちのことを理解し、「すべての人へのサービス」があたりまえのこととして受け止められるようになるはずであろう。そのためにも、障害者サービス担当だけに固定するのでなく、できるだけ多くの業務を他の職員とともに実践する機会を持って欲しい。

(3) 点字や手話のできる職員

　図書館利用について、その利用者が用いるコミュニケーション手段で案内できれば、図書館員に対する信頼感を強めることができ、効果的である。また、点訳資料の製作をボランティアに依頼する場合でも、担当者が点字の知識をもち、「おまかせ」にせず、利用者の資料変換に関する要望を適切に伝えることは大切である。

　1989年の調査では、点字のできる職員は92館148人、手話のできる職員は128館185人であった。サービス実績や設備などの変化と比べ、わずかな増加にとどまっている。点字や手話ができる人が1人から2人というところが多いが、異動もあるのでもっと多く職員に習得してもらいたい。

　点字資料は作らない所でも、録音図書のタイトルや巻数は点字でも表記して欲しいものである。基本的な点字や手話は図書館員みんなの知識としたい。

また、この回答には視覚障害をもった職員や聴覚障害をもった職員は含めずに答えている所もあるようなので、実態としては点字や手話のできる職員はもう少し多いのではないか。

●表3－79　点字・手話のできる職員

	点字館数	点字職員数	内視覚障害職員数	手話館数	手話職員数	内聴覚障害職員数
都道府県立	14	20	4	9	16	2
東京23区立	17	41	1	18	29	4
政令指定都市立	8	13	2	6	8	不明
市立	47	73	5	70	127	5
町村立	14	15		25	27	
財団立	1	2				
合計	101	164	12	128	207	11

3-4-3　障害者サービスにかかる経費

2次調査の問15－6では、点訳・音訳等の謝金等についてたずねた。対面朗読サービスや字幕・手話入りビデオ以外の資料製作を行なっていると答えている館は502館あるが、その中でこの質問に回答しているのはわずか183館である。なお、無回答319館の内111館は対面朗読サービスを有りとしながらも実績未記入の、かつ資料製作の無い館であり、16館は対面朗読未実施で資料製作有りとしながら実績数未記入の館であった。

謝金と交通費を払っている	7館	支払っていない	85館
謝金のみを支払っている	78館	その他	10館
交通費のみを支払っている	3館	無回答	319館

（無回答の内17館は職員のみによる対面朗読実施館）

謝金の総額についての記入はさらに少ない55館で、その金額分布は次のとおりである。

5万円未満	7館	40～60万円未満	7館
5～10万円未満	6館	60～80万円未満	4館
10～20万円未満	12館	80万円以上	4館
20～40万円未満	15館		

なお、業者がまとめた集計データでは上記のような数値で、990,080円が最高額であるが、別に抜書きされた自由記述には、サービス別単価総計など具体的な記述があり、そこにはもっと多額の謝金の実態もある。館名の記録がないため集計表との突合せができないが、総額100万円を超える館が19館ある。

100～149 万円	3 館	400～599 万円	2 館
150～199 万円	4 館	600～799 万円	3 館
200～299 万円	3 館	800～899 万円	1 館
300～399 万円未満	2 館	19,967,000 円	1 館

謝金の単価について、サービス別に記入されたものの内訳は次のようになる。（単位は館数）

●表3－80　謝金の単位別館数

単　価	種別不明	対面等1時間	対面等2時間	対面等1回	テープ1本	テープ1時間	校正	点訳1ページ	点訳1時間
500円未満							3	13	
500円～750円未満	8	8			1	2	9	1	
750円～1000円未満	2	20			1		1		
1000円～1250円未満	11	26	3	1	1	6	8		
1250円～1500円未満			2			1	1		
1500円～1750円未満	4	4	5		13	1	1		
1750円～2000円未満	1	4			1	4	2		
2000円～2500円未満	4	2	11	3	21	1	2		1
2500円～3000円未満	1		1		5				
3000円～3500円未満	2		1	2	3		1		
3500円～4000円未満					4	1			
4000円～5000円未満	1				10				
5000円～6000円未満	1								
6000円～7000円未					1				
11000円	1								
回答館数合計	35	64	23	6	61	16	28	14	

点訳1ページ　320円（1館）、100円〜200円（5館）、50円（2館）
点訳両面　200円〜300円（4館）、420円（1館）
点訳1冊　2400円、1,000円

常駐1時間：400円　　　当番日1日：1000円　　点訳校正1枚：50円
1タイトル：1000円　　点訳校正1ページ：10円、100円　　テープ校正1分：10円
　　　　　　2000円　　テープ録音1分：15円　　校正60分テープ：800円
拡大写本校正：15円　　拡大写本Ｂ４－1枚：200、100、60、50円
布の絵本1冊：5000円　　録音図書製作1グループ：年間15600円、2万円の図書券
広報誌1回：2000円、6000円、図書券、志程度

　次に、それぞれのサービスの実施と謝金支払いの関係を見てみよう。
【対面朗読の利用実績総時間の上位館(300時間以上)についての支払い状況】
＊館名の後の単価は、対面朗読の単価かそれ以外のサービスかの区別は確認していない。

謝金と交通費を払っている　　1館

大阪府立中央図書館＠￥1,000

謝金のみを支払っている　　12館

都立中央図書館、都立多摩図書館＠￥1,900、調布市立中央図書館、杉並区立中央図書館、豊島区立中央図書館、埼玉県立川越図書館、愛知芸術文化センター愛知県図書館、板橋区立中央図書館＠￥500、志木市立柳瀬川図書館＠￥710、練馬区立練馬図書館、新宿区立戸山図書館、江東区立江東図書館

交通費のみを支払っている　　0館

支払っていない　　　　　　　3館

松本市立中央図書館、岡山市立中央図書館、＊多摩市立永山図書館は職員が実施

その他　　　　　　　　　　　1館

所沢市立所沢図書館

●表3-81　資料製作に対する支払い状況

	点字図書15タイトル以上(21館)	点字雑誌製作館(11館)	点字絵本1冊以上製作(11館)	点字FD1タイトル以上製作(16館)	録音図書50タイトル以上(20館)	録音雑誌50タイトル以上(12館)	拡大写本製作館(21館)	さわる絵本・布の絵本製作館(22館)	その他の資料の製作(17館)
謝金と交通費	1	0	1	1	2	0	1	0	0
謝金のみ	3	5	2	9	9	6	7	7	2
交通費のみ	0	0	0	0	0	0	0	0	0
支払っていない	11	3	5	3	6	4	7	5	3
その他	3	0	0	1	2	0	0	2	0
無回答	3	3	3	2	1	2	3	8	12

　回答率36%の結果ではあるが、回答館の約半数がサービス協力者に謝金はおろか交通費も支払っていない。対面朗読などのサービス実績上位館の総額記入がなく、謝金総額とサービス実績の関係を正確に把握することは難しい。

　全体として、公立図書館における障害者サービスは、未だに半数が無償の善意の人々によって支えられているという実態を示している。しかしサービス実績の高い館だけを見てみると、点字図書と点字絵本についてだけは、製作数上位館に無報酬の館が多いが、対面朗読の上位館で無報酬の館は少なく、録音図書等の製作上位館も含め、予算措置のとられている館において安定したサービスが行われていることが伺える。こうした上位館は首都圏に集中している。これは市民の権利としての図書館利用を、障害者自身が公共図書館に対して働きかけ、そのことにより対面朗読等が公共図書館の資料をすべての市民に開くという位置付けが確立してきたことによるものと思われる。近年、特に都市部の財政危機は厳しく、資料費・人員削減が打ち出されるところも多く、職員による対面朗読の実施が困難になったり、謝金も現実に削減されたということを耳にする昨今である。図書館利用に障害のある人々へのサービスが、公共図書館における重要なサービスであることを、行政へも正しく理解されるよう働きかけ続ける必要性を感じる。

『ユネスコ公共図書館宣言（1994年）』では、「公共図書館のサービスは（中略）理由は何であれ、通常のサービスや資料の利用ができない人々、たとえば言語上の少数グループ（マイノリティ）、障害者、あるいは入院患者や受刑者に対しては、特別なサービスと資料が提供されなければならない」としている。また、財政については「地方及び国の行政機関が持つものとする」としている。『ユネスコ宣言』では「通常のサービスや資料」に対する表現として「特別なサービスと資料」と記しているが、要するにこれらは区別されるものではなく、公共図書館として当然の、否、情報弱者と言われる人々に対してはより積極的な公共図書館の使命があることを示しているのである。サービス対象とする地域にはどんな人々が居住し、どのような資料とサービスが求められているのかを正しく把握し、そのための予算計画と人員配置が必要とされている。

　問22の自由記述欄に「施設規模、予算、職員数から見て、いわゆる健常者へのサービスにおいても不充分な状態であるので、到底障害者サービスまで手がまわらない」といったものが複数見られ、また、福祉課予算に頼っているというものもあった。厳しい現場の実態を伺うことはできるが、もう一度「公共図書館とは」ということを見直したい。視覚障害者情報提供施設（点字図書館）は各都道府県に1以上は設置されている。多くは公立民営で、大規模な所は民間の社会福祉法人である。聴覚障害者情報提供施設もわずかながら設置され始めている。管轄は異なるといえ類似したサービスという意味では情報交換と協力関係を築きながらも、すべての住民に平等に公開された公共図書館の役割を踏まえ、どのようなサービスを展開していくか、しっかりとした予算措置と政策をもって進んでいって欲しいものである。

3-4-4　目録・PR・講演会・催し物

●表3-82　作製・実施状況

	回答館数	目録や利用案内等の作製館	PRの実施館	講演会等の実施館	具体的回答をした館
市立	520	139 (27%)	168 (32%)	25 (5%)	15 (3%)
区立	101	40 (40%)	51 (50%)	0	4 (4%)
町村立	400	20 (5%)	56 (14%)	8 (2%)	7 (2%)
指定都市立	84	25 (30%)	41 (49%)	15 (18%)	7 (8%)
都道府県立	41	14 (34%)	16 (39%)	3 (7%)	1 (2%)
合計	1146	238 (21%)	332 (29%)	51 (4%)	34 (3%)

　障害者サービス用の目録や利用案内を作っている館は2次調査回答館の21％238館である。PRをしているのは332館29％で目録等の作製館より94館多い。一方、問19の障害者に配慮した講演会や催し物の実施館はそれぞれ51館、講演会等の内容を回答したのは34館とたいへん少ない。

●表3-83　資料の所蔵と目録・利用案内

所蔵タイトル	録音図書 所蔵館数（A）	録音図書 目録・利用案内有（B）	録音図書 (B)/(A)	点字図書 所蔵館数（A）	点字図書 目録・利用案内有（B）	点字図書 (B)/(A)	大活字本 所蔵館数（A）	大活字本 目録・利用案内有（B）	大活字本 (B)/(A)
1000以上	29	26	90%	8	7	88%	8	5	63%
500～999	36	19	53%	19	11	58%	34	19	56%
300～499	23	16	70%	12	8	67%	43	14	33%
100～299	51	22	43%	39	18	46%	101	18	18%
1～99	95	36	38%	110	42	38%	97	12	12%
合計	234	119	51%	188	86	46%	283	68	24%

目録や利用案内はどういう館で作製しているか。録音図書、点字図書、大活字本の所蔵数との関係を見るため所蔵状況とクロス集計したものが表3-83である。

所蔵が多いほど目録・利用案内の作製館が増加する傾向が強い。所蔵1000タイトル以上の館は録音図書では90％、点字図書では88％、大活字本63％が作製している。割合は高いが館数はたいへん少ない。

録音図書所蔵館の約半数が目録などを作製している。逆にいえば半数の館は目録・利用案内を障害者サービス用としては作製していない。そこで、次に問5の利用との関係を集計した結果が下表である。

●表3-84　資料の貸出と目録・利用案内

目録・利用案内	点字図書貸出				録音図書貸出				PR実施館
	実施館数	タイトル数	実績館数	1館当たり	実施館数	タイトル数	実績館数	1館当たり	
あり	238	128	5683	75	76	177	99342	118	842	155
なし	822	198	2591	63	41	273	28264	108	262	170
無回答	86	13	58	2	29	19	2015	9	224	7
合計	1146	339	8332	140		469	129621	235		332

目録等を作製しているのは238館あるが、その内点字図書を貸出ている館は128館、録音図書の貸出実施館は177館である。目録・利用案内があっても貸出していない館が少なからずあることに注目する必要がある。貸出による利用促進のための目録・利用案内であるはずが、その役割を果たしていない場合が多い。

しかし、目録・利用案内があると、ない館より1館当たりの貸出数は多い。このことは利用者が読みたい本を見つけるためには、本についての情報提供が不可欠であり、目録が重要な情報源となっていることがわかる。

どのような目録や利用案内などを作製しているかを自由記入から拾ってみると、164館が目録類、27館が新刊案内、利用案内89館であった。

特徴的な目録

　点字絵本の目録、聴覚障害者向けマンガのリスト（あらすじ・表紙縮小コピー付き）、布の絵本の目録、布の絵本・おもちゃ目録（墨字・写真版）、録音図書あらすじ集（テープ版）

　目録の形態としては、墨字版、大活字版、録音版、点字版と各種作製していることが特徴である。比較的多いのは録音版である。利用者の希望を聞いて、郵送する館もある。

　新刊案内を作製している館が27館あったが、墨字本の新刊案内か、録音図書、点字図書の新作案内か区別しがたい。その中で、「毎月区内に新しく入った墨字本をテープで紹介「新しい本です」テープ版、2ヶ月1回録音図書・点字図書の新着案内テープ版「新作テープ情報」、2ヶ月1回区内所蔵視聴覚資料紹介をテープで作成「ＡＶ情報」」のように3種の新刊案内を作成している館があった。

　提供する資料を録音図書や点字図書に限定せず、墨字本の情報を提供し、その中から利用者が必要なものを選べるようにしている点で、ぜひともひろめてゆきたい事例である。

利用案内

　聴覚障害者「質問カード」筆談または手話で対応しますという内容。受付、相談カウンターに置く、「おとどけしますあなたのもとへ……郵送貸出案内」、「耳の不自由な方に県立図書館利用案内、字幕ビデオライブラリー利用案内」、「ご利用ください……目の不自由な方に」点字による館内配置図、筆談を促すカウンターサイン

利用案内の表記

　「体の不自由な方の為の図書館利用案内」「図書館利用に障害のある方」「身体の不自由な方のために」「目の不自由な方のために」「障害者サービ

スのご案内」「視覚障害者のための録音図書貸出サービスのご案内」「目の不自由な方、車椅子利用の方のためのかながわ図書館ガイド」「点字図書利用案内」「録音図書利用案内」

　障害者サービスは身体障害者へのサービスではなく、あくまでも「図書館利用に障害のある人々」へのサービスであるが、利用案内は上記例のように、身体的障害別の案内が多い。

　「おとどけしますあなたのもとへ……郵送貸出案内」のような、こんな利用の仕方もあります、という多様な利用方法の案内という発想が必要ではないか。利用案内の表現についても再検討を望みたい。

ＰＲの実施
　ＰＲの方法は図書館作成のちらしやパンフレット等各種利用案内と、自治体広報誌に大きく分けることができる。
「館独自としてはサービスメニューを紹介した掲示物を館内に貼り出しています。全館としては利用案内に障害者サービスの記事を掲載、広報でもＰＲ（録音版・点字版・墨字版・ビデオ版）」
　「一般向けの利用案内にサービスを行なっていることを載せている。点字図書をフロアに開架している。館内ポスターを掲示。展示ケース、カウンターに布の絵本を展示。」「問い合わせがある場合のみ、中央図書館の障害者サービスのパンフレットを渡している」「たまに館報にて」という例もある。

●表3-85　録音図書の貸出実績と目録、PR、催し物等の有無との関係

目録	PR	催し物	貸出 実施	貸出 未実施	貸出実績館数	貸出タイトル数	1館平均
有	有	計	118	37	85	80,573	948
		有	20	8	15	18,382	1,225
		無	98	29	70	62,191	888
無	有	計	85	92	45	10,837	241
		有	10	6	6	1,801	300
		無	75	86	39	9,036	232
有	無	計	59	24	33	18769	569
		有	4	5	3	3,604	1,201
		無	55	19	30	15,165	506
無	無	計	207	524	73	19,442	317
		有	8	17	2	88	44
		無	199	507	71	19,354	273

　この表からは、目録やPRの有無と講演会等の催し物の実施との関連を探ってみた。利用の拡大には何をすることが必要かを、知るためである。

　目録、PR、催し全部実施の館は28館で、貸出実績のある1館当たり貸出数は1225タイトルで一番多い。目録かPRのどちらか一方でも実施している館では催し物を行っている方が、行っていない館より貸出が多い。

　どのような催しをしているか以下に列記する。（人数は一次調査対象別登録者数）

・過去に「小林忠之油絵展」（視覚障害のハンディキャップを負いながら、絵を描き続ける小林氏の作品の展示及び交流会）、視覚障害者を対象にした朗読ボランティアによる朗読発表会、交流会を実施（**甲西町立図書館・滋賀県／視覚障害者33人**）

・年1回利用者（視覚障害）・朗読者・点訳者・図書館職員との懇談会を開催（**江東区立江東図書館／視覚障害者101人**）

・聴覚障害者向け字幕付日本語映画上映会と懇談会1回、手話のお話し会（聴覚障害児向け）1回、ろう学校見学会と交流会（高校生）1回（**練馬**

区立光が丘図書館／視覚障害者268人（内幼児5人、小中学生20人、高大学生20人、高齢者50人））

・朗読者講習会、利用者朗読者懇談会（**港区立みなと図書館**／視覚障害者72人）

・平成9年度資料展示会「視覚障害者と読書」を実施（**横浜市中央図書館**／視覚障害者552人、聴覚1人、肢体52人、内部7人）

・「読者のつどい」視覚障害者を対象とした文学散歩。川崎市盲人図書館と川崎市立図書館共催（**川崎市立宮前図書館**）

・視覚障害者のための読者のつどい（川崎市立図書館・川崎市盲人図書館共催）を毎年1回（**川崎市立麻生図書館**／視覚障害者6人）

・「わんぱく文庫」との共催で視覚障害者（児童）向け「ふれあいコンサート」「クリスマス会を開催」（**大阪府立中央図書館**／視覚障害者57人（内高大生4人、高齢者5人））

・障害者と限定せず、誰でも参加できる「朗読会」を実施した（**川崎市立幸図書館**／聴覚1人）

・文京区として年2回、聴覚障害者に向けて字幕スーパー付き映画会を行なっている（**文京区立目白台図書館**／視覚53人、肢体17人、内部4人）

・視覚障害者のための朗読読書会（**広島市立中央図書館**）

・「視覚障害者のための読書のつどい」市盲人図書館と市立図書館の共催事業（**川崎市立中原図書館**／視覚7人）

・視覚障害者のための落語会を開催して、その会場で録音して、希望者に送付している（年6回開催）利用者毎回35名程度（**宇都宮市立図書館**／視覚150人、肢体10人（内小中学生40人、高大学生20人、高齢者10人））

・年1回録音図書の利用者と朗読者、職員で交流を行ない、図書館への要望を伺っている（**鳩ヶ谷市立図書館**／視覚23人、聴覚5人、肢体10人、知的30人、入院患者3人）

　このように、貸出実績の高い館では催し物として、利用者との交流会や懇談会を実施していることがわかる。

次に利用が多いのは目録・利用案内があって、PRは無しのケースで該当は83館、1館平均569タイトルである。この内催し物実施は9館で、録音図書貸出実績館の1館当たり平均貸出タイトル数は1,201である。催し物の回答をした館は次のとおり。

・年1回ボランティアと利用者、図書館員との懇談会（於：図書館）交流忘年会（於：保養施設）**（飯田市立中央図書館／視覚112人）**
・年1回視覚障害者と懇談会実施**（吹田市立中央図書館）**
・子ども点字教室（小学生対象、年1回　四日市市立図書館／視覚80人）

　目録とPR、催し物の3要素と利用促進との関係は、目録があるケースは貸出数が多い。PRは大切なサービス活動であるが、確かな情報提供と並行して行った時、その効果があると言える。

　墨田区立あずま図書館は、目録あり、ＰＲなしのグループに当たるが、利用者・奉仕者・図書館員の意見交換の場として三者懇談会を隔年で実施していて、年間1097タイトルと高い貸出実績である。

　目録もＰＲもない場合、1館当たり貸出数は317タイトルで、目録なし、ＰＲありの1館平均241タイトルより貸出は多い。しかし、このケースはグループ全体に占める貸出実施館及び貸出実績館が少ない。1000タイトル以上の貸出館が5館あり、平均値を高めている。問21の利用が少ない理由にＰＲ不足が多数回答に上がっているが、単にＰＲさえすれば利用されるものではない。積極的な情報提供の伴った資料提供と、利用者懇談会などで意見交換することが、利用を増やすことにつながることをこれらの数値が示している。

　催し物と利用との関係で効果を上げていると思われる事例として、**文京区立真砂図書館**の「聴覚障害者対象字幕スーパー付映画会を年2回実施」がある。2次調査結果より、聴覚障害者の利用登録者数13人、字幕手話入りビデオの貸出139巻である。

　徳島県北島町立図書館では、毎年2月を点字体験月間とし、点字絵本を展示したり体験教室を開いたりしている。体験教室は点字器やパソコンを

使って、実際に点訳を体験してみるというもので、今年は詩集『1年1組せんせいあのね』をみんなで分担して点訳した。使い方はボランティアグループ（点字絵本の会）のみなさんに交代で来てもらい、教えてもらった。このような取り組みにより、視覚障害者8人のほか、聴覚障害者や肢体不自由、知的障害の人の利用がある。点字絵本87タイトルや手話入りビデオの貸出も行っている。

催し物
障害者に配慮した講演会等の実施館数51館。
　　　　講演会での手話通訳、要約筆記
　　　　語り芝居公演に視覚障害者を招待
　　　　視覚障害者のための読書のつどい（川崎市盲人図書館共催）
　　　　「誰でもできる点字教室」を毎年開講（初心者向け）
　　　　手話による語りの会を開催
　　　　親子を対象に手話講座を開催
　講演会での手話通訳が22館で一番多く、要約筆記は2館あった。
　障害者に関する催し物の実施と内容を回答した館は34館であった。
・点字本の展示（さわる絵本、点字絵本を含む）、点字タイプライターをさわってみるコーナーも設置（**宝塚市立西図書館**／視覚2人）
・特に障害者に関してというわけではないが、5月末ごろ「布の絵本」展を開催している（**碓井町立碓井図書館・福岡県**）
・やまびこ文庫利用者懇談会（やまびこ文庫、障害者用宅配サービス）対面朗読利用者交流会（**松本市中央図書館**／視覚6人、肢体44人、内部4人、在宅療養2人）
・障害者の立場からの図書館利用についての講演会（**つくば市立中央図書館**／視覚30人、肢体3人）
・パラリンピック応援のための折り紙作り、パラリンピック参加者（アイススレッジスピードレース出場）の体験を聞く会（**高森町立図書館・長野**

県／視覚1人、施設入所者、高齢者1人）
・年1回視覚障害者対象朗読会開催（**中間市民図書館**／視覚15人）
・「図書館探偵団」（児童向け行事）1日図書館員、視覚に障害を持つ職員が児童に点字を教え、視覚障害者サービスの話しをした（**横浜市中図書館**）
・夏休みに町内の障害をお持ちのお母さん達のグループ「たんぽぽ会」にボランティア有志が、読み聞かせの会をひらいている（**中山道みたけ館・岐阜県**）
・公開朗読会、月1回開催、視覚障害者を対象にした朗読会を実施（**守山市立図書館**）
・「手話教室」開催（**豊前市立図書館**／聴覚1人、肢体1人、知的15人）
・本に親しむみんなのつどい豊田加茂大会（**豊田加茂広域市町村圏移動図書館・愛知県**／施設入所者2人）
・交流会（障害者と会員）年1回（**刈谷市中央図書館**／視覚21人）

3-4-5 研修

●表3－86　研修の種類と実施状況

	館数	職員研修会の実施	研修会への職員の参加状況	館内等における検討機関の設置	市町村図書館員対象の研究会実施館	県・地域単位の担当者会議・研究	市町村図書館のための協力
市立	520	20	138	92	0	0	0
区立	101	12	32	51	0	0	0
町村立	400	5	51	39	0	0	0
指定都市立	84	8	32	21	0	5	1
都道府県立	41	8	19	7	3	13	13
合計（A）	1146	53	272	21	3	18	14
実施率		4.6%	23.7%	18.3%	7.3%	31.7%	31.7%

　障害者サービスに関する職員研修実施率はわずか4.6％53館のみである。
　もっぱら県協会等の行う研修会への派遣に頼っている。それも全体の約

4分の1で研修会への関心は低いと言わざると得ない。
　さらに強調したいことは、都道府県立の市町村図書館員を対象とする研修会が少なく情報交換等交流の機会となる担当者会や市町村への支援を実施しているのが3分の1弱の都道府県立に止まっていることである。

●表3-87　研修実施とサービスの関係

	館数	対面朗読	一般図書郵送貸出	視聴覚資料郵送貸出	点字録音資料郵送	その他の郵送貸出	宅配	施設貸出	入院患者サービス
研修あり	406	237	99	120	168	41	123	125	31
研修なし	740	155	128	106	148	58	106	236	50
各サービス実施館数計	1146	392	227	226	316	99	229	361	81
研修率	35%	60%	44%	53%	53%	41%	54%	35%	38%

　表3-88は問17-2館内研修、17-3派遣研修、17-4館内検討機関のどれか1つ以上に「はい」と回答した館数を、サービス項目別に集計したものである。回答館1146館の内406館がどれか1つ以上の研修を実施している。

●表3-88　研修の有無とサービス量　　単位は対面朗読は時間数、他はタイトル数

		館数	対面朗読	一般図書郵送貸出	視聴覚資料郵送	点字録音資料郵送	その他の郵送貸出	宅配	施設貸出	入院患者サービス
研修あり	利用実績		40441	7461	13760	85354	7011	23869	85040	36435
	回答館数		197	68	80	123	26	91	92	24
	実績館数		137	32	53	97	14	81	74	20
	実績館率		58%	32%	44%	58%	34%	66%	59%	65%
	1館平均		295	233	260	880	501	295	1149	1822
研修なし	利用実績		5628	3420	15234	42698	101	14139	87967	15644
	回答館数		101	86	63	93	37	55	163	31
	実績館数		55	33	31	59	7	43	136	23
	実績館率		35%	26%	29%	40%	12%	41%	58%	46%
	1館平均		102	104	491	724	14	329	647	680

第3部　図書館利用に障害のある人々へのサービスの課題

研修実施館と未実施館の違いは、研修実施館の方がいずれのサービスについても、実績館率が高いことと、視聴覚資料郵送と宅配を除いて、1館平均サービス量が多いことである。この事実は研修実施の有効性を示している。

●表3－89　点字や手話ができる職員（問17－1）

職員	館数	研修	
		あり	なし
点字・手話できる	37	31	8
点字	64	40	24
手話	62	40	22

●表3－90　点訳・音訳者研修の実施（問15－7）

	点訳・音訳者研修	
	実施	未実施
館数	103	289
合計時間数	27113	18851
実施館数	93	204
実績館数	73	118
1館平均	371	160

合計時間数は、対面朗読時間数

対面朗読サービス実施392館の内103館は実施館が点訳音訳者等の研修を実施している。
点訳・音訳者研修実施で対面朗読サービス実施館は14館、残り289館は研修なし。
研修実施館の1館あたり対面朗読時間は未実施館の2倍以上ある。

＜どんな研修を実施しているか。＞フリーアンサーより。

　問17－2職員研修の実施について、内容を回答した館は57館。その内研修内容についての記述は17館あり、手話の練習、点字の実習、誘導法がおもなものである。点字・手話のできる職員がいる37館の内、31館で研修していると回答していることから、館内の取り組みの効果が大きいことがわかる。

次に多いのは新任職員研修としての事例で15館ある。年1回の実施がほとんどである。
　県協会が実施する研修に参加する（7館）
　障害福祉課等他の機関や団体が行う手話や音訳講習会に参加した職員の伝達研修（8館）があり、これらは問17－3研修会への職員派遣に該当する。
　また、担当者会の研修が7館、この場合は年1回、年6回、月1回と頻度は多様である。
　実践的な事例としては、「特に会場・日時は設定しないが、機会がある毎に話し合いの場を持つ。点字の基礎的説明。録音テープの巻数表示の点字打ちとシールの貼り付け作業（仕事に必要な部分から始める）」「担当課内において点字のできる職員を講師として点字学習会を実施」「朝のミーティングで簡単な手話の練習を司書全員でしている（図書館のカウンターで使えそうな程度のもの）」
　研修のもうひとつのパターンは「公共図書館における障害者サービス」、「障害者サービスの現在、これから」というようなタイトルの講演会がある。派遣研修は講演を聴く場合が多い。
　実務に即してできることを、普段から日常的に取り入れる研修の方法は広めたいものである。

＜どんな研修に派遣しているか＞
　問17－3に実施と回答した館は272館、派遣した研修名等を回答した館は256館であった。その内主催者を回答した館は230館であった。
　230館の内訳は都府県の図書館協会、日本図書館協会、および図書館関係団体が主催する研修が160館、県立や指定都市立図書館が主催するもの70館。
　中でも参加館の多かったのは東京都公立図書館長協議会36館、埼玉県公共図書館協議会20館、大阪公共図書館協会15館が目立っている。その他の団体では近畿視覚障害者情報サービス研究協議会17館がある。

第3部　図書館利用に障害のある人々へのサービスの課題

● 表3-91 職員を派遣した研修会の主催者別参加館数（問17-3）

東京都公立図書館長協議会	36	京都府図書館等連絡協議会	5
埼玉県公共図書館協議会	20	滋賀公共図書館協議会	4
近畿視覚障害者情報サービス研究協議会	17	静岡県図書館協会	2
		山梨県公共図書館協会	2
大阪公共図書館協会	15	三重県図書館協議会	1
神奈川県図書館協会	10	播但図書館連絡協議会	1
千葉県公共図書館協会	8	県公共図書館協会＊	6
神奈川県視情連	5	合計	132

＊県名は不明

県立図書館主催	23	香川県立図書館	1
東京都立図書館	10	和歌山県	1
大阪府立中央図書館	8	京都府	1
千葉県立西部図書館	5	埼玉県立南教育センター	1
静岡県立図書館	2	神奈川県立	1
県立長野図書館	1	兵庫県立	1
県立川越図書館	1		
静岡県点字図書館	1	合計	57

このように研修を行っている県協会や都府県は限定されている。

● 表3-92 研修内容

研究会・委員会	31	ＤＡＩＳＹ	6
研究大会	23	対面朗読講習	6
手話研修	20	実務研修	5
音訳講習会	14	点字図書館について	5
新任研修	10	拡大写本	4
誘導法	10	障害者レファレンス	3
弱視者サービス	10	全国図書館大会	7
実施館見学	9	障害者サービス研修	67
点字・点訳実習	8	その他（不詳）	36

合計件数　274

1館で複数の研修に派遣している場合があるので、ここでの回答数は研修実施館数より多い。障害者サービス研修という回答が一番多く、ついで研修内容不明の回答が多かった。その中で少数ではあるが、実務研修として手話や点字、音訳、誘導といった実務研修がある。障害者サービス委員会、あるいは研究会という名称で、年複数回担当者が集まり、課題を共同研究する例があった。

視覚障害者に対するサービス以外は、聴覚障害者や高齢者、多文化サービスというテーマも扱われているようだが、まだ極めて少数である。

図書館利用の障害は多様であるから、今後は実践の交流と図書館利用の障害を発見するための、実務研修に力点を置くことが効果的研修の進め方といえるのではないか。

●表3-93　館内あるいは行政区域内の障害者サービス検討機関
（問17-4）

障害者福祉協議会	28	図書館内担当者会議	97
障害者施策推進協議会	14	図書館協議会	2
福祉関係の会議	8	対面朗読担当者会	3
在宅介護支援センター	1	近畿視情協	2
高齢者等サービス調整会議	5	神奈川視情連	2
福祉課	3	録音図書検討委員会	1
点訳音訳ボランティア＋視覚障害者団体との連絡協議会	1	合計	167

検討機関があると回答した館は210館、その内図書館と関係団体を回答したのは107館、福祉部門の機関を回答したのは60館30％であった。

このことから改めてわかることは、障害者サービスは「身体障害者へのサービス」に限らないのだが、実際にはまだ福祉部門の課題となっていることである。

検討機関がある場合も、視覚障害者が主なサービス対象となっており、「図書館利用の障害」をなくす多様なサービスの取り組みとして、視野を広げる必要がある。

3-4-6　協力支援体制

(1)
●表3-94　市町村図書館員を対象とした研究会の実施状況

神奈川県立図書館	主催
徳島県立図書館	主催
静岡県立中央図書館	主催
大阪府立中央図書館	県教委主催
埼玉県立久喜図書館	県教委主催
埼玉県立川越図書館	県図書館協議会で
埼玉県立浦和図書館	県図書館協議会で
滋賀県立図書館	県図書館協議会で
奈良県立奈良図書館	県図書館協議会で
東京都立中央図書館	東京都公立図書館長協議会
広島県立図書館	その他
香川県立図書館	香川県図書館協会
横浜市中央図書館	県図書館協議会
横浜市神奈川図書館	県図書館協議会

　10都道府県1指定都市で、市町村図書館員を対象した研究会を実施している。ただし、主催者は県立図書館には限らない。

(2) 県や地域単位で担当者会議や研究会等を実施している館

> 埼玉県立浦和図書館、埼玉県立川越図書館、埼玉県立久喜図書館、千葉県立西部図書館、東京都立中央図書館、東京都立多摩図書館、神奈川県立図書館、大阪府立中央図書館、東京都立日比谷図書館、静岡県立中央図書館、滋賀県立図書館、大阪府立中之島図書館、徳島県立図書館、横浜市中央図書館、横浜市神奈川図書館、川崎市立中原図書館、川崎市立川崎図書館、大阪市立中央図書館

　8都道府県3指定都市で実施している。

(3) 市町村への都道府県の協力支援

・朗読研修会実施（東京都立中央図書館）

・資料所蔵調査。町立図書館が対面朗読サービスを始める際、同町在住図

書音訳ボランティアを紹介。県内図書館障害者サービス調査実施と調査結果の配布（**岐阜県図書館**）
- 録音図書情報（新収目録・製作開始情報）発行。録音図書所蔵館調査（**埼玉県立川越図書館**）
- 録音図書の所蔵調査（**埼玉県立久喜図書館**）
- 録音図書・点字図書の所蔵館調査等情報サービス（**千葉県立西部図書館**）
- 録音図書作成・着手情報の提供（**愛知芸術文化センター愛知県図書館**）
- 点字図書・録音図書の貸出。点字図書目録・録音目録等の配布（**鳥取県立図書館**）
- ないーぶネットの検索。朗読用資料の協力貸出（**大阪府立中央図書館**）
- 大活字本の一括貸出（新設図書館）（**広島県立図書館**）
- 相互貸借（**福井県立図書館**）
- 点訳・音訳のためのレファレンスサービス、神奈川県内公共図書館障害者サービス打ち合わせ会事務（**神奈川県立図書館**）
- 相互貸借、製作点字図書総合目録（カード）の維持（**埼玉県立浦和図書館**）
- 所蔵調査（オンライン検索）やサービスへのアドバイス（**東京都立多摩図書館**）

●表3－95　問5資料の相互貸借

	貸出の有無					所蔵の有無					相互貸借				
	点字		録音			点字		録音			貸出・借受	点字		録音	
	図書	雑誌	図書	雑誌		図書	雑誌	図書	雑誌			図書	雑誌	図書	雑誌
貸出有	339	153	469	132	所蔵有	310	140	418	77		貸出有・借受有	20	2	78	18
											貸出有・借受無	14	2	6	2
											貸出無・借受有	30	3	50	15
											貸出無・借受無	246	133	284	42
					所蔵無	29	13	51	55		貸出無・借受有	16	5	31	37
											貸出無・借受無	13	8	20	18
貸出無	807	993	677	1014	所蔵有	115	66	64	12		貸出無・借受無	115	66	64	12
					所蔵無	692	927	613	1002			692	927	613	1002
館合計	1146	1146	1146	1146	館合計	1146	1146	1146	1146	館合計		1146	1146	1146	1146

第2部2章資料の項でも相互貸借が活発に行われたとは言い難い状況を指摘した。ここでは資料の中でも一定量の実績のある点字図書、点字雑誌、録音図書、録音雑誌の4種について集計結果をまとめた。資料別に貸出の状況を見た。2次の回答館1146館の内、貸出を実施している館は一番多い録音図書で41％、点字図書30％、点字雑誌13％、録音雑誌12％であった。この数値は貸出の有無に対する回答集計であり、実績は無視してこれだけの回答しか得ていない。貸出は資料提供の最も基本的な形態であることは、このサービスにとっても例外ではない。

　貸出実施館が少ない理由に資料がないという言い訳がある。そこで、点字図書、録音図書がなければ本当にサービスできないかを所蔵の有無で実証したのが次の項である。録音図書貸出館469館の内、録音図書を所蔵しているのは418館で、自分のところでは所蔵していない館が51館11％であった。録音雑誌は55館42％が他館から借りて貸し出している。点字図書、点字雑誌は8％である。

　相互貸借の実施状況はまだ一部の館に限られている。相互貸借の集計は実績のある館数をあげ、不明や未記入は実績無のそれぞれの項に割り当てた。所蔵館でも他館への貸出をしていない館の方が圧倒的に多い。「全国の図書館から積極的に本（資料）を借りよう」と呼びかける根拠でもある。

●表3－96　点字図書相互貸借実施館

点字図書	全貸出実績	全所蔵数	相互貸借貸出実績	相互貸借借受実績
豊島区立中央図書館	381	16	16	259
草津市立図書館	242	298	8	222
町立みささ図書館（鳥取県）	52	4	39	171
群馬県立図書館	682	＊3,757	41	73
町田市立中央図書館	236	820	17	67
金沢市立泉野図書館	75	32	64	64
名古屋市鶴舞中央図書館	2,159	5,444	222	53

日野市立中央図書館	183		57	48
練馬区立光が丘図書館	136	661	1	45
荒川区立南千住図書館	57	263	7	37
香芝市民図書館	20	1	8	34
大田区立下丸子図書館	35	36	2	32
四日市市立図書館	122	1,105	1	20
瀬戸市立図書館	26	242	17	17
東京都立中央図書館	47	421	5	17
市立函館図書館第1分館	38		6	12
横浜市立中央図書館	29		4	12
富士見市立中央図書館	5		5	9
東大和市立中央図書館	9	76	3	4
世田谷区立中央図書館	不明		3	3

＊は冊数

●表3－97　点字雑誌の貸出・借受

点字雑誌	全貸出実績	所蔵の有無	全所蔵数	相互貸借貸出実績	相互貸借借受実績
練馬区立光が丘図書館	457	有		61	24
磐田市立図書館	51	有	0	51	0
横浜市中央図書館		有		2	1
八王子市中央図書館	24	有	2	1	
墨田区立あずま図書館	54	有	6	0	54
東大和市立中央図書館	54	有	不明	0	54
江東区立東大島図書館	52	有	4		52
墨田区立寺島図書館	12				12
袋井市立図書館	4			0	4
江東区立城東図書館	4				4
瀬戸市立図書館	2			2冊	2
北区立中央図書館	1				1

● 表3-98　録音図書借受100タイトル以上

録音図書	全貸出実績	全所蔵数	相互貸借貸出実績	相互貸借借受実績
豊島区立中央図書館	4,217	44	317	3,426
鳩ヶ谷市立図書館	1,726	236	339	2,222
横浜市中央図書館	9,254	不明	1,650	2,108
名古屋市鶴舞中央図書館	不明	2,013	2,437	1,743
東京都立中央図書館	3,307	2,600	715	1,685
枚方市立枚方図書館		868	263	1,322
埼玉県立久喜図書館	5,918	577	288	1,306
日野市立中央図書館	1,635		145	1,260
富士見市立中央図書館	221	3	200	1,151
香芝市民図書館	181	151	163	1,092
東大和市立中央図書館	1,292		88	1,034
町田市立中央図書館	996	168	99	938
千葉県立西部図書館	1,386	6,444巻	43	923
磐田市立図書館	1,167	39	333	834
立川市立中央図書館	1,042	681	115	734
足立区立中央図書館	678		6	672
江東区立江東図書館	2,121	1,072	885	493
荒川区立南千住図書館	1,327	566	490	487
吹田市中央図書館	2,126	1,458	818	484
調布市立中央図書館	2,660	1,198	877	474
練馬区立光が丘図書館	460	47	14	448
大田区立大森南図書館	607	205	162	445
多摩市立永山図書館	2,447	1,356	1,508	430
茨木市立中央図書館	568	471	116	420
大田区立大田図書館	528	271	166	367
目黒区立目黒本町図書館	1,889	493	686	354
袋井市立図書館	1,076	393	63	339
茅ヶ崎市立図書館	35	927巻	35	337

愛知芸術文化センター愛知県図書館	1,227	1,890	175	329
東京都立多摩図書館	2,418	2,167	453	316
町立みささ図書館	56	420	48	306
草津市立図書館	390	92	69	293
大田区立下丸子図書館	1,075	762	397	286
市立函館図書館第1分館	7,366巻	24	81	280
墨田区立あずま図書館	1,097	323	678	267
北本市立中央図書館	1,666	12	4	261
練馬区立練馬図書館	433	218	183	250
品川区立品川図書館	1,071	947	401	221
大阪府立中央図書館	262	651	17	207
世田谷区立中央図書館	69		180	196
杉並区立中央図書館	370	254	93	187
東久留米市立中央図書館	1,404	789	384	184
昭島市民図書館	292	218	88	126
東村山市立富士見図書館	322		26	106
浦和市立図書館	230	725	54	104
志木市立柳瀬川図書館	172	82	49	102

　都道府県立の支援体制では、一部の都府県立名しかあがってこなかった。同様に相互貸借でも、東京都や群馬県、埼玉県、千葉県、神奈川県、岐阜県、愛知県、大阪府、福井県などわずかな都府県名しか実績がなかった。一方、町立みささ図書館のように高い実績の町立図書館も存在している。貸出を大切にし、所蔵していない資料は、他館から借りて提供する、図書館サービスのこの基本原則が実行されるだけで、どれほどたくさんの資料提供が実現することか。館界の協力体制を確かなものにするために、都道府県立の果たす役割は大きい。
（梅田・前田）

第 4 部

次期調査に向けた提言

4-1 障害者サービスにおける統計の取り方
（次回の全国調査への試案）

山内　薫

　全国的な障害者サービス調査が行われるのは今回が4回目となるが、統計の取り方が統一されていない部分が未だにかなり見受けられる。例えば1次調査の問2で録音図書の所蔵、貸出、製作数を聞いているが、所蔵数ではタイトル数を記入した図書館が399館あり、そのうちタイトル数だけを記入した館が64館あった。巻数を記入した館は498館あったが、そのうち3分の1の163館で巻数だけしか記入していない。貸出数ではタイトル数を記入した図書館が259館あり、そのうち32館は巻数を記入しておらず、巻数を記入した図書館332館の内3割以上の105館でタイトル数を記入していない。従って、録音図書を所蔵している562館、貸出した364館で、実際に何タイトル何巻の録音図書を所蔵し、何タイトル何巻が借りられたのか、正確な数値が掴めないことになる。

　一方、作製では作製したと回答した185館のうちタイトルのみは11館、巻数のみは22館とその数は減っている。つまり、製作を行っている図書館ではタイトル数と巻数を両方ともとっている館がほとんどであるということができる。

　一般資料の蔵書統計、貸出統計では冊数が当然の数値として用いられているわけだが、その統計に倣えばタイトル数を指標としなければならないだろう。録音図書やテープ雑誌は本来視聴覚資料として捉えるのではなく、一般図書資料の代替として考えられなければならないはずで、テープ巻数というのは言ってみればページ数に過ぎないのである。タイトル数を主な指標にすることによって一人当たり何冊、年間何冊の資料が借りられたか何冊の蔵書を持っているか、という指標として用いることができるのである。

これは、一録音図書の場合であるが、今後の障害者サービスを考えたときに、統計の取り方をできるだけ統一して、サービスの指標とするために、ここで、どのような統計の取り方が現段階では望ましいのか提案したいと考える。

4-1-1　利用者について

　障害者サービスの利用者は、図書館利用に障害のある人である。図書館を利用しようとする際に何らかの障害があれば、その人は図書館利用の障害者ということになる。つまり図書館利用に際して、図書館側の何らかの手助けが必要な人が図書館利用に障害のある人であると言うことができる。従って、単に心身に障害のある利用者がそのまま図書館利用に障害のある人ではない。たとえば点字の読めない一般の利用者からの要望で点字を墨字に変換して、その利用者が読めるようにするというのも障害者サービスの範疇に入る。しかしこの場合には、その利用者を障害者サービスの利用登録者とはしない。なぜなら、そのサービス自体は明らかに障害者サービスであるけれども、点字の読めない人をすべて障害者サービスの利用登録者にする訳にはいかないからである。（こうした実践は墨字訳サービスとして把握する）また、例えば点字を読む人、録音図書を聞く人、拡大写本を利用する人、宅配を利用した人等々、個々のサービス別にその利用者数を把握することも可能ではあるが、そうすると膨大な設問項目が必要であるだけではなく、調査時には想定できなかった新たなサービス項目を書く欄を相当用意しなくてはならない。

　そこで、障害者サービス関連の調査では便宜的に心身障害や病院・施設入所などの障害別に利用者数を把握するようにしているのである。例えば知的障害の人に対して特別に何らかのサービスを実施していなかったとしても、その利用者が知的障害であることを図書館側が認知し、丁寧に話しかけるなどの働きかけを行っているとすれば、障害者サービスの利用者であると見なすことができる。

心身に障害のある人の中には、図書館側が全くそれと気がつかない人も少なくない。一般の利用者と変わらずに利用できる人については、取り立てて障害者サービスの利用者にすることはない。しかし、図書館側がよく気を付けて見てみると、どうも字の大きい本しか借りていかない人がいたり、軽い文庫本しか借りない人がいたりして、話しかけてみるとその人が弱視者であったり、内部障害者であったりということもあるだろう。つまり、個々の利用者とコミュニケーションをとることによって、その図書館利用の障害が顕在化し、その人にとってよりふさわしい資料を提供できるというようなこともあるだろう。

　高齢者の場合にも勿論、例えば70歳以上の利用者数を聞いているわけではなく、高齢による様々な要因から図書館利用に何らかの障害が生じた人に対して図書館側が何らかの方策をとった人の数を聞いている。特別養護老人ホームに入所しているお年寄りのところへ出かけていって資料を貸し出しすれば、それは障害者サービスと捉えるが、同じお年寄りが暖かい日に一人で図書館までやってきて資料を借りていった分については障害者サービスの統計には含めなくてよいのではないか。このように同じ人であっても図書館利用に障害のある人としてサービスする場合とそうでない場合があってよい。その場合の障害者サービスの資料貸出については前者だけを統計上把握すればよいことになる。（もっとも自治体の政策関連で70歳以上の利用者が何人いて、どのような資料をどのくらい利用しているかということなどを調査することは重要であろう）

4-1-2　資料について（その定義と統計の取り方）

（1）録音図書

　録音図書とは一般の図書資料（場合によってはオリジナルの点字図書や大活字本などの場合もある）を忠実に音声化したものを指す。従って新潮文芸カセットなどのように、カセット版のために新たに編集し直されたテープや講演会の記録テープ、短編集の中からいくつかを抜粋して作成され

たテープなどは録音図書ではなく市販テープ等の視聴覚資料の範疇に入る。（ただし以下に述べるように、利用者からの希望で、ある本の抜粋テープを作成したような場合には録音図書として扱う。この場合、貸し出し統計には録音図書として含めるが蔵書統計には含めない）

　市販のテープであっても音訳サービスJやオフィス・コアなどの作成したテープのように原本を忠実に音声化したテープは録音図書である。

　同じ作品であっても原本が上・下2冊ものの録音図書は2タイトルとなり、原本が合冊された1冊ものを使用すれば1タイトルとなる。

　ある本の1部分だけを音訳してほしいという利用者からの要望で、その部分だけプライベートに録音したものも、録音図書として扱う。ただし、これは蔵書にはできないので、貸し出し統計には記載するが、録音図書の作成・所蔵には含めることができない。

　録音図書に関する統計は以下のようにとる。

A）録音図書の貸出数、相互貸借による貸出数と借受数はタイトルのみの統計を取る。
B）録音図書の製作数についてはタイトル数と巻数の統計を両方取る。

　製作に関して巻数を取るのは、相互貸借などで借り受けるときなどに、あらかじめ巻数が把握できた方がよい点、一定の時間数が把握できて利用者に伝える事ができる点などによる。

（2）テープ雑誌（新聞）

　最近テープ雑誌の貸出は非常に盛んになっている。しかし、録音図書と違って雑誌1冊を丸ごと録音しているものは非常に少ないのが現状である。（例えば1日の新聞をすべて音訳して提供するということは事実上無理である。雑誌にしても1冊の週刊誌を1週間ですべて音訳するには、相当数の音訳者の確保と編集技術がなければ困難だろう。逆に、すべてを録音するために時間を要していたのでは雑誌の新鮮な記事の提供はできなくなってしまう）

新聞のコラムなどを定期的にまとめて音訳していたり（典型的な例は天声人語のテープ版）、新聞の関連記事（例えば医学情報など）を週・月ごとにまとめてテープ化しているものについてもテープ雑誌と呼んでいる。テープ雑誌は以下のような種類に分けられる。

①原雑誌をすべて音声化しているもの
②原雑誌・新聞の一部を音声化しているもの
③いくつかの雑誌・新聞から記事を抜き出して音声化したもの
④同人誌的・機関誌的なテープ雑誌（盲人の俳句や短歌をテープ化したもの、盲人協会など視覚障害者関係の団体の機関誌テープなど）
⑤公報類（図書館が広報テープを作成して貸し出しているところもあるが、本来は自治体の広報課が墨字版と同一内容でタイムラグがないように主体的に作成・発行し、テープ版を必要としているすべての人の元に届けられるようにすべきではないだろうか。従って図書館が製作貸し出ししている場合を除いて、貸し出し統計に入れるのは疑問である）

テープ雑誌に関する統計は以下のようにとる。
A）テープ雑誌の貸出統計もタイトル数でとる。
B）テープ雑誌の蔵書統計は、1雑誌について年間1タイトルとする。

貸出数は1利用者に月刊のテープ雑誌を毎月貸し出せば、年間を通して12タイトルの貸出となる。一方蔵書統計では月刊誌を年間12タイトル製作しても年間を通して1タイトルの製作とする。

なお、相互貸借でテープ雑誌を貸出・借用している場合も、1タイトル当たり年間を通して1タイトルとする。ある月刊テープ雑誌を年間12タイトル貸出・借用したとしても、年間の相互貸借の統計上は1タイトルの貸出・借用となる。

（3）市販テープ等

いわゆる一般の視聴覚資料はすべてここに含まれる。ＣＤ、ビデオなどもここに含める。ＣＤ、ビデオについては、必要に応じてテープと区別し

て統計を取ってもよい。数値は一般の貸出数に準じて、巻数・枚数で統計を取る。（巻数で取るのが一般的だろうが、2巻ものを1タイトルとするところと2巻とするところがあるだろう）

　ビデオの内、「字幕入りビデオ」は聴覚障害者のための字幕を入れたビデオを指し、一般の字幕の入った洋画のビデオを指すのではない。従って字幕入りビデオの所蔵にはこれらを含めない。しかし、難聴者などの中には、音声の補助手段として字幕を必要としている人もおり、そうした人が一般の洋画のビデオを利用した場合には字幕入りのビデオの貸出に入れても良いだろう。

　最近邦画に字幕を入れるなど、聴覚障害者を対象とした字幕の入ったビデオがわずかながら市販されるようになってきた。また、今回の調査では唯一金沢市の図書館で聴覚障害者用の字幕を自館で入れるところも出てきた。今後、聴覚障害者のための字幕入りビデオを普及させるためにも障害者用資料として製作・貸出の統計を取る必要があろう。

(4) デイジー録音図書・雑誌

　デイジー録音図書はほとんどの場合原本1冊が1枚に収まってしまう。デイジー録音図書では、原本が上下2冊のものを1枚に収めた場合が想定される訳だが、デイジーの編集方針として、原本1冊に1枚というように決めてはどうだろうか。また、現在でも「新潮文庫の100冊」などのＣＤ－ＲＯＭ形式の資料も存在し、今後も図書館資料として提供される事が予測される。この場合おそらく一般の統計では、その中に原本が何タイトル入っていようと、貸し出し統計としては1冊（1枚、1タイトル）ということになるだろうからそれに倣う。また、テキストファイルを音声で利用したいというような利用者にこうした資料を貸し出したときにも1タイトルとして扱ってよいのではないか。

（5）点字図書・拡大写本など

　点字資料や拡大写本なども原本1冊が数冊になってしまう。この場合にも録音図書同様貸出や相互貸借の指標はタイトル数、製作に関する指標ではタイトル数と冊数を統計として取る。1タイトルが10冊になる点字図書や拡大写本などを5冊づつ2度に分けて借りるというような場合には、2度目は一度返却して再度借りたものとみなせばよいので、都合2タイトルの貸出となる。つまり、借りた日が違えば一部分であっても1タイトルとして数える。

（6）さわる絵本、布の絵本など

　さわる絵本、布の絵本などの創作資料であったり、独自性の強い資料については、その冊数をそのままタイトル数として扱う。

　さわる絵本や布の絵本はどちらかといえばオリジナル資料という性格が強い。仮に原本のある絵本をさわる絵本として製作したとしても、触知を目的としたオリジナル資料として考えてよいのではないだろうか。従って、ある1冊の絵本を2分冊にした場合でも冊数で統計を取ったらどうかと考える。

（7）フロッピー資料

　点字データやテキストファイルを収納したフロッピーディスク資料については、考え方としてはデイジー資料と同様に考えることができるのではないか。できるだけ原本1冊分を1枚に収め、収まりきらない場合には録音図書や点字図書・拡大写本などと同様に、2枚、3枚であっても1タイトルとする。

4-1-3　利用者について

（1）対面朗読

　従来、対面朗読は閲覧の一形態として捉えられてきた。しかし、即時性、

対話・応答性、レファレンス性など様々な要素を含んだ資料を読む方法なので、閲覧よりもむしろ資料提供（貸出）として捉えたらどうかと考える。従って、統計上も何冊の本を対面朗読によって提供（貸出）したかを統計上の指標としたい。

Ａ）対面朗読では読んだ資料の数をまず把握し、併せて時間数を主な指標とする。

　対面朗読ではどんな人が、何冊の本を、どのくらいの時間利用したかということを把握できればよいのではないか。将来、視覚障害者だけではなく、高齢者や肢体障害者、施設入所者などが、図書館内に限らず自宅や施設など様々な場所で利用する可能性が拡大していくであろう。従って年間の統計上では具体的にどんな人が利用したかという実人数を把握することも重要である。さらにどんな人が読んだか（例えば職員か音訳者かなど）についても年間を通して実人数を把握すればよいだろう。（延べ何人が読んだか、延べ何人の人が利用したかということについては二次的な数値であり、報償費の支払い等では必要だろうが、サービス統計からははずしても差し支えないだろう）

　また、対面朗読時間中に行われた、持ち込み文書（図書館資料や図書資料以外のプライベート文書）の対面朗読や墨字訳サービス（代筆サービス）については資料を読む対面朗読とは別の統計として把握し、時間数とともに、該当する項目に記入する。（4－1－4参照）

　以上の様に対面朗読を捉えると、現在まで使用されている対面朗読という用語を、資料を読む「対面音訳サービス」とプライベートな文書を読んだり、書いたりする「対面読み書きサービス」の二つに分けたらどうかと考える。

　「対面音訳サービス」は図書館資料や利用者が持ち込んだ資料を読むサービスとして位置づけ、その読んだ資料数と時間数を把握する。（資料の範疇であれば、例えばＣＤの解説を読むことなどもこちらに含んではどうかと考える）

「対面読み書きサービス」は、もっぱら個人的な文書を読んだ場合および代筆を行った場合を指し、時間数とともに、読んだ文書のページ数（枚数）、書いた文書のページ数（枚数）をそれぞれ把握する。（はがきの宛名を1枚書けば1ページないし1枚とカウントする。もちろん枚数やページ数が判然としない場合も多々あると思われるので、その場合には時間数と概数を記録しておけばよいのではないか。）

（2）宅配

　宅配は図書館利用障害者個人のところに資料を届けるサービスである。宅配では利用した人の数と提供した資料数を把握する。宅配はあくまでも1個人への宅配を1件と数える。施設や病院へ行って10人の人に40冊の資料の個人貸出をおこなえば、宅配件数は10件、貸出冊数は40冊となる。つまり宅配件数は出動回数のことではない。ここでも年間統計ではどんな人が利用したかという実人数を把握する。なお、民間の宅配便によって資料を届けるサービスは郵送貸出として捉える。

（3）郵送貸出

　郵送件数は取らず、郵送貸出を利用した人の数と郵送した資料の種別、冊数・タイトル数を主な指標とする。
　郵送貸出でも年間統計として、どんな人が利用したかという実人数を把握する。

（4）プライベートサービス

　個人から依頼され作成した資料で蔵書としないものは、プライベートサービスとする。その場合どのような形態にどのくらいの量を変換したかという統計を取る。
　音訳では時間数（対面朗読の統計に入れる）点訳・拡大写本ではページ数を指標とする。

フロッピーに入れた点字データも点字のページ数。テキストファイルの場合には原本のページ数を指標とする。

（5）文字情報・墨字訳サービス

これは後述のプライベートサービスの内の（3）にあたるもので、その内対面で行った場合には「対面読み書きサービス」として把握する。

対面ではなく、テープに録音したり、預かったものを書いたりした場合には時間数、ページ数を主な指標とする。郵便物の宛名書きなどの場合には宛名を書いた枚数をページ数として扱う。

点字を墨字に変換した場合には点字用紙のページ数をとる。

4-1-4 プライベート・サービスと文字情報サービスについての考え方

「プライベート・サービス」という用語と「文字情報サービス」という用語は未だにはっきりとした定義付けがなされていない。そこで現状を整理して考えてみたい。

（1）図書館の蔵書となる資料の製作

利用者から希望があり、自館でも他館でも所蔵していない資料（音訳・点訳・拡大など）を自館作成した場合、確かにプライベート・ユースに答えたことになるが、これは、資料提供の一手段であり「プライベートサービス」とは、呼ばず、あくまでも製作と貸出として統計を取る。

点訳図書や拡大写本では点訳サービス・拡大写本サービスなどと呼んでプライベート・サービス扱いをしている館もあるが、蔵書とするものについてはそれぞれ製作と貸出統計を取ればよいのではないか。

（2）図書館の蔵書としない資料の制作

1）図書館の蔵書以外の資料、あるいは蔵書とする事のない資料の変換についてはプライベート・サービスとする。例えば個人によって持ち込まれた図書、参考書類やカタログ・パンフレット類、名簿、歌詞カード類など

の変換で、図書館の資料として受入や保管はされないものの音訳・点訳・拡大などを行った場合。

　利用者が個人の本や資料・カタログ・パンフレット類などと生テープを持ってきて、録音を依頼するようなケースについては、統計上その録音時間と資料数を対面朗読扱いにしたらどうかと考える。

　点訳や拡大についてはページ数で数値を取る。

２）通常の変換方法以外の変換方法で作成された資料

　利用者から早急に必要だと希望があって、読み返しも校正もせずに提供するような録音資料。点訳の必要上原本の句読点などの記号まで読み込んで音訳した資料。拡大写本などで全ての漢字にふりがなを振ったものなど、不特定多数の利用者の利用には向かない資料の変換についても「プライベート・サービス」として、その時間数や冊数、ページ数を把握する。

３）資料の全体ではなく部分のみの変換

　辞書の一項目、雑誌の一論文、本の一部分などの他に、弱視者の希望によって行われる拡大コピーなども「プライベート・サービス」として把握する。

（３）代筆、代読

　図書館資料には係わりのない日常・個人文書の代筆や代読または変換。

　代読は郵便物やチラシの類から個人の書類などを読んだ場合、代筆はいわゆる墨字訳サービスと言われるもので、郵便物などの代筆、宛名書き、点字原稿の墨字訳などが含まれる。

　代読には聴覚障害の利用者に替わって電話をかけるなどのケースも含まれる。

　以上３点が公共図書館で、現在主として行われている「プライベート・サービス」と呼ばれているものだが、（１）については蔵書を前提に作成するので、本来はプライベート・サービスと呼ばずに、リクエストとしてあつかった方がよいだろう。また（３）のことを「文字情報サービス」と

呼ぶことが多いが、図書館の統計上ほとんど現れることがないので、細かく実態をつかむことは現状では困難で、対面朗読の最中や資料を宅配した折りなどに行われることが多いと思われる。対面朗読サービスを希望する利用者が、実は本を読んでもらうよりも、文書を書いてもらうことが主な目的だったというような話を数多く耳にするが、文書の読み書きサービスを図書館サービスの一つとして位置付ければ、利用者は気兼ねなく読み書きを図書館に求めることができる。今後は障害者サービスの一つとして位置付け、統計を取っていくようにしたい。

　また変換資料の内、利用者個人の所有になるものをプライベート・サービスと呼ぶこともあるが、それをプライベート・サービスの原則にしてしまうと、例えば拡大コピーなどで提供した場合にコピー料金を徴収することが原則になってしまうので、拡大コピーなどを行った場合でも、あくまでも利用に関しては無料とし、個人で所有したいという場合ににのみ有料ないし実費徴収にすべきだろう。（中には2度3度の拡大が必要な場合もあり、その全ての経費を請求したのでは利用者の負担が大きくなってしまう。何度のコピーであっても、読める状態にするのは図書館の責任であると考えられるので、その経費を徴収すべきではないのではないか）

　以上述べたように、プライベートサービスについては未だにはっきりした考え方を提起できる段階には至っていないと言ってよい。現状でも視覚障害者関連のサービスがほとんどを占めている状態で、それは、利用者が図書館に対してどのようなことを求めるかという歴史的な推移とも関連しているだろう。今後のサービスの進展の中で様々な図書館利用に障害のある人から、様々な要求が顕在化してくる可能性がある。そうした時に、その要求が図書館利用の範疇であるのかないのかを一つ一つ検証していかなければならないだろう。今の時点で考えなくてはならないのは、そうした要求が今後の図書館サービスの大きな可能性を秘めているのではないかという視点に立って、先ずは積極的に対応してみるという姿勢ではないだろうか。

4-2 障害者サービスを評価する

前田悦子

　サービス実績を評価する理由は、目標値の設定とその共有化のためである。市民1人当たり貸出冊数が2冊から4冊、さらには6冊と目標値が高くなってきたように、図書館利用に障害のある人々へのサービスについても量的な拡大と質的な充実を目指して、目標値を明確にすべきである。図書館行政の目標値を明らかにすることは、地域住民に対する図書館の責任でもある。

　ここでは、第3部で報告した全国のサービス実績から、利用登録者数、貸出タイトル数・対面朗読時間数を使った。担当者の配置と必要経費の予算化という投入から、サービス実績という結果を生みだす。その結果を評価し、目標値に見合った投入を再検討するわけである。

　利用登録者数について、第1次調査から登録者数合計を、下表のように段階的に分け、登録者なしを加えてAからFの6段階に区分した。

評価	登録者数 人	館数
A	300人以上	12
B	100～299人	45
C	50～99人	75
D	10～49人	318
E	1～9人	606
F	0人	1,270
	計	2,326

　全国公共図書館でAランクに入るのはわずか12館である。これまでの分析

から図書館利用の障害は多様であり、図書館側がその気になってサービスを始めれば、100人は決して多い数ではないことを理解していただけるものと思う。当面の目標を100人と考えたのは、わずかとはいえ全国的に既に達成している館がある。ＢランクとＦランクの館ではそのために解決する課題は異なるが、一歩ずつ努力すれば不可能な数値ではないからである。現在の登録者合計は26,623人、全館で100人以上が実現すれば232,600人、大幅な利用者増がサービスの質的転換を生むと考えるからでもある。

評価	貸出数						対面朗読時間数	
	冊	館数	巻	館数	タイトル	館数	時間	館数
A	1000以上	88	1000以上	107	1000以上	61	1000以上	5
B	500〜999	56	500〜999	32	500〜999	32	500〜999	13
C	300〜499	62	300〜499	20	300〜499	28	300〜499	15
D	100〜299	145	100〜299	42	100〜299	62	100〜299	69
E	1〜99冊	168	1〜99冊	91	1〜99冊	140	1〜99冊	121
F	0	1,807	0	2,034	0	2,003	0	2,103
	合計	2,326	合計	2,326	合計	2,326	1000以上	2,326

次に、貸出タイトル数と対面朗読時間数から、上表のようにＡからＦまで区分けした。

1以上の貸出実績のある館は672館あった。1人以上の登録者のいる館は1,056館であった。

登録者があっても貸出実績がないか不明の館が384館36％もあることになる。貸出や対面朗読という資料提供では、実績０が圧倒的である。まず貸出を行うことが必要である。貸出数は登録者数との関連で各館が目標値を設定すべきものであるが、その際は通常の利用者一人当たり実質貸出密度を目安とすべきであろう。当面の目標は実績０のＦランクを無くすことである。

ＡからＥの区分け方は、実績があるといっても固定客が細々と利用して

いる状態（E）と大変よく利用されている（A）の間に、やや低い（D）、やや高い（B）、実績量としてEとAの中間（C）を置いた。登録者数のランク分けも同様である。

　評価の方法は登録者数と貸出数、対面朗読時間数の3項目について、それぞれAは5点、Bは4点Cは3点、Dは2点、Eは1点、Fは0点とし、各図書館の実績をランクAからFに割り振り、最高は3×5点＝15点とした。

	評価	館数合計	都道府県	指定都市	区立	市立	町村立	点数
A	高い	10	4	1	1	4	0	13～15
B	やや高い	36	7	2	11	16	0	10～12
C	中間的	111	3	9	22	58	19	7～9
D	やや低い	272	4	21	52	132	63	4～6
E	低い	850	27	59	63	330	371	1～3
F	実績なし	1,047	17	60	45	468	457	0
	合計	2,326	62	152	194	1,008	910	

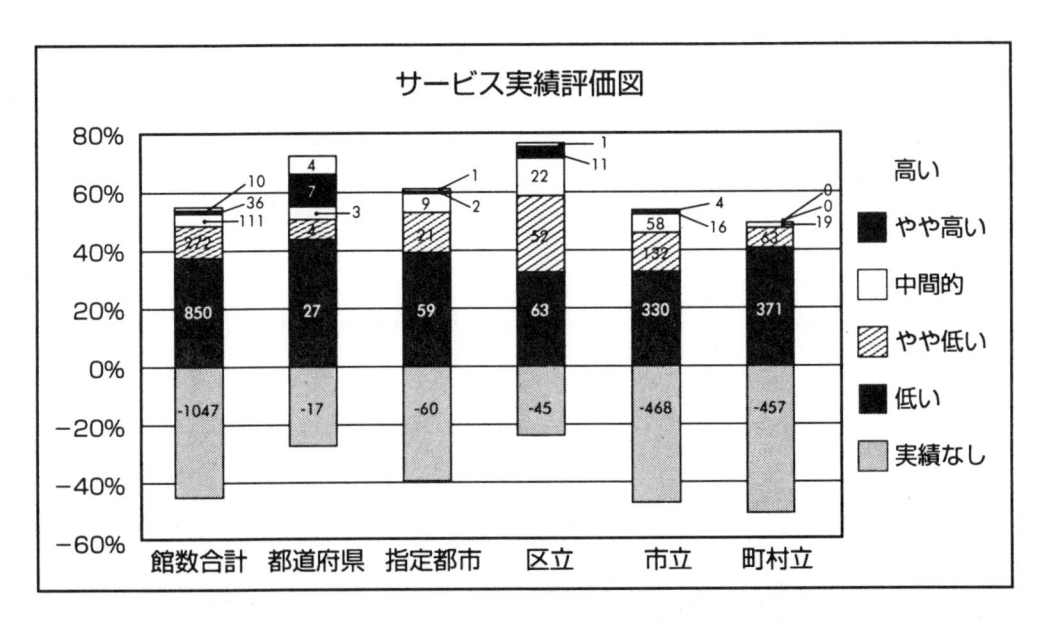

サービス実績評価図

第4部　次期調査に向けた提言

自治体規模の大小を問わず同じ指標で輪切り評価することについて問題もあるが、現状では自治体規模別に区分できるほどの実績がない。まずは、全ての館で利用登録者を見つけ、適切な資料提供、貸出を行おう。そのための目標設定と目標値の共有化のための試案である。

　全体的に区立図書館はレベルが高い。しかし、低いとやや低いの合計はまだ60％を占める。市立図書館は館数が一番多く、サービスの推進力となっている。高い、やや高い、中間のどのランクでも一番館数が多い。都道府県立図書館はほとんどが低いか実績なしで残念である。

あとがき

　本書の企画をたてて1年半、やっと形あるものにまとめることができました。

　障害者サービス委員会では、1989年調査開始時点で、数的報告と分析を加えた報告という2段構えの報告書を考えていました。しかし、数的報告書として業者に依頼したものの数値があまりにもわかりにくく、そこから実態をつかんで評価を加えることの困難さにぶつかってしまいました。関東・関西の委員みんなで書き上げた分析結果をまとめたのが1年前。その時点でようやく業者から集計結果の生データが提出されました。それからが本報告書の編集担当となった3人のパソコンとの闘いの始まりです。慣れないExcelと格闘し、まとめたデータを消してがっかりしたり。それでも生の数値を見ていくと、全国の図書館でのサービスの実態が少しずつリアルになってきました。図書館員として誠実にサービスについて悩み、実践を展開している仲間たちの姿も感じることができました。

　編集の第一方針は、中小レポートのように具体的な実態を示し、どこでも誰もが始められるサービスの手引きとしての報告書です。いくつかの図書館には直接訪ねて、よりリアルな取り組みを紹介したいと思いました。しかし、それはかなわず、データ化された回答結果、それも選択肢として回答いただいたものを中心にまとめました。多くの方が書き込んでくださった自由記述は、参考にさせていただきました。

　調査自体が1次と2次の2回に分けたことも、集計を難しくさせました。「図書館利用に障害のある人々へのサービス」は、残念ながらまだまだ図書館業務の中で一般化されたサービスとなっていません。用語や統計の取り方など全国的な共通認識がまだ得られていないため、各館の担当者の方も悩みながら記入されたのではないでしょうか。細かい設問に回答くださった皆様に、この場を借りてお礼申し上げます。これからの統計の取り方などについては、最終章で山内、前田両氏が提言を示しました。又各章の

末尾に責任執筆者名を付記しました。これを踏まえ、障害者サービス委員会では、次回調査に向けた検討を開始いたします。

　新しい読書手段であるDAISY、そしてITも図書館界に迫ってきます。新しい情報技術が、情報弱者と言われる人々への適切な環境改善が図られるよう、私たち図書館員はアンテナを張っていたいものです。

　本書をお読みいただいた皆様が、図書館利用に対する障壁を無くしていく活動を大きく展開していかれるよう心から願ってやみません。（梅田）

2001年3月

■執筆協力者（50音順）
　　石井　保志　東京医科歯科大学附属図書館
　　市橋　正光　株式会社大活字
＊梅田ひろみ　日本点字図書館
　　加藤　竜治　浦安市立中央図書館
　　菊池　佑　　日本病院患者図書館協会
　　斎藤　有希　横浜市立中央図書館
　　佐藤　聖一　埼玉県立川越図書館
　　田中　章治　都立中央図書館
　　中根　憲一　国立国会図書館
　　名取恵津子　都立文京盲学校
　　服部　敦司　枚方市立楠葉図書館
　　前田　章夫　大阪府立中之島図書館
＊前田　悦子　堺市立中図書館
＊山内　薫　　墨田区立緑図書館
　　渡辺　修　　聴覚障害者ワーキンググループ
　　　　　＊は編集責任者

視覚障害その他の理由で活字のままでこの本を利用出来ない人のために、営利を目的とする場合を除き「録音図書」「点字図書」「拡大写本」等の製作をすることを認めます。その際は著作権者、または、出版社まで御連絡ください。

EYE LOVE EYE

図書館が変わる
――1998年公共図書館の利用に障害のある人々へのサービス調査報告書

2001年6月26日　第1刷発行©　　　　　　　　　JLA200126
2001年9月20日　第2刷発行
定価■本体2,000円（税別）
編者■日本図書館協会障害者サービス委員会
発行■社団法人　日本図書館協会
　　　〒104-0033　東京都中央区新川1-11-14　TEL 03-3523-0811（代表）

製作■株式会社大活字　　　　　　　　　　　　Printed in Japan.

本文の用紙は中性紙を使用しています。
ISBN4-8204-0106-8 C3000 ¥2000E